Début d'une série de documents
en couleur

LES ÉCOLES

DANS LES ANCIENS DIOCÈSES DE

BEAUVAIS, NOYON & SENLIS

PAR

M. l'Abbé E. MOREL

Curé de Chevrières.

COMPIÈGNE

IMPRIMERIE HENRY LEFEBVRE, 31, RUE SOLFERINO

—

1887

(4)

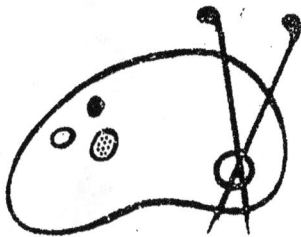

Fin d'une série de documents
en couleur

Couverture inférieure manquante

LES ÉCOLES

DANS LES ANCIENS DIOCÈSES DE

BEAUVAIS, NOYON ET SENLIS

Extrait du *Bulletin de la Société Historique de Compiègne*, t. VII.

LES ÉCOLES

DANS LES ANCIENS DIOCÈSES DE

BEAUVAIS, NOYON & SENLIS

PAR

M. l'Abbé E. MOREL

Curé de Chevrières.

COMPIÈGNE

IMPRIMERIE HENRY LEFEBVRE, 31, RUE SOLFERINO

—

1887

MONSEIGNEUR JOSEPH-MAXENCE PÉRONNE

Evêque de Beauvais, Noyon et Senlis

MONSEIGNEUR,

Les services rendus par l'Eglise catholique à la cause de l'enseignement et de l'éducation sont aujourd'hui plus que jamais méconnus. On ne veut plus se souvenir que l'Eglise a civilisé le monde. On cherche à faire oublier que les écoles ont été l'un des moyens par lesquels les Evêques, suivant le mot de Gibbon, ont formé la France, comme les abeilles façonnent leur ruche.

Le zèle de l'Eglise pour l'instruction de la jeunesse n'est cependant plus à démontrer. Les bibliothèques et les archives ne cessent d'en fournir de nouvelles preuves. Les monographies abondent pour venger l'Eglise des accusations aussi perfides qu'insensées lancées contre elle et pour rendre hommage à la part active qu'elle a prise à la transformation des peuples et au progrès social. J'ai voulu m'associer à cette œuvre de réparation.

L'enseignement, Monseigneur, a été l'une de vos occupations favorites. Mieux que personne Votre Grandeur peut attester la sollicitude de l'Eglise pour la diffusion des lettres et des sciences.

Mû par ces considérations, je viens sans crainte vous offrir cette étude sur *Les Écoles dans les anciens diocèses de Beauvais, Noyon et Senlis*. Je n'aurais jamais osé vous la présenter imparfaite et incom-

plète, comme elle est, si je ne savais le vif intérêt
que Votre Grandeur a toujours porté à la question
de l'enseignement.

Votre approbation sera pour moi un encoura-
gement précieux. Elle donnera son meilleur crédit
à mon essai d'histoire.

Je suis, avec un profond et filial respect,

Monseigneur,

de Votre Grandeur,

le très humble et très obéissant serviteur.

E. MOREL,

Curé de Chevrières.

Chevrières, le 14 Octobre 1886.

LETTRE

DE

MONSEIGNEUR L'EVÊQUE DE BEAUVAIS

NOYON ET SENLIS

A L'AUTEUR

Beauvais, le 27 Octobre 1886.

Très cher Monsieur le Curé,

J'ai lu avec le plus vif intérêt, dans les rares moments libres que me laissent mes occupations, l'ouvrage que vous avez publié sur *Les Ecoles dans les anciens diocèses de Beauvais, Noyon et Senlis.*

Ce n'est pas seulement un ouvrage de science qui accuse de nombreuses et consciencieuses recherches; mais c'est aussi, c'est surtout une œuvre de légitime défense contre ces accusations injustes et haineuses que nos prétendus libres penseurs ne cessent de jeter à la face de l'Eglise catholique, en répétant sur tous les tons dans leur superbe ignorance qu'avant la Révolution de 1789 et de 1793, la France était dans les ténèbres du chaos en matière d'instruction et que l'Eglise a toujours été l'ennemie de la lumière et de la science.

J'accepte bien volontiers la dédicace de cet ouvrage, Très cher Monsieur le Curé, et j'en recommande particulièrement la lecture à tous ceux qu'aveugleraient d'injustes préjugés sur la part

immense, je pourrais dire presque exclusive, qu'a
prise l'Eglise catholique, dans les siècles qui ont
précédé la Révolution, et sur celle qu'elle prend
encore aujourd'hui, malgré tant d'obstacles qu'on
lui suscite, à l'instruction et à l'éducation des enfants
du peuple. C'est une mission divine qu'elle a reçue
et aucune puissance ne peut l'en dépouiller. L'Eglise
catholique est une mère et c'est parce qu'elle est
une mère, qu'elle est et qu'elle se glorifie d'être
Maîtresse d'école. A ce titre, elle prend soin des
âmes et elle enseigne. Elle a toujours fait cela et
elle fera toujours.

Recevez, Monsieur et cher Curé, la nouvelle
assurance de mon affectueux dévouement.

† JOSEPH MAXENCE,

Evêque de Beauvais, Noyon et Senlis.

LES ÉCOLES

DANS LES ANCIENS DIOCÈSES

DE BEAUVAIS, NOYON ET SENLIS

L'enseignement et l'éducation tiennent une grande place dans les préoccupations de notre siècle. Depuis quelque temps la question des écoles fait beaucoup de bruit. Les méthodes, les programmes, le personnel, les classes, le mobilier, tout a été remanié. Ce bouleversement était-il bien nécessaire ? Les nouveaux systèmes ont-ils fait diminuer le nombre des ignorants d'une manière sensible ? Ont-ils relevé le niveau des hautes études ?

L'Eglise se serait-elle montrée infidèle à la mission d'enseigner que lui a confiée son divin Maître (1) ? Aurait-elle cessé d'être la gardienne de la science (2) ? Est-il vrai de dire que les siècles antérieurs à la Révolution ont été des siècles d'ignorance, et que l'Eglise a toujours été l'ennemie de la lumière et du progrès ?

Tous les esprits sérieux ont été justement inquiets de ces accusations, que ne cessent de répéter tous les échos de la libre-pensée. De formels démentis, appuyés sur des documents authentiques, y sont donnés chaque jour. Les érudits, soucieux de l'honneur de l'ancienne France, exhument des archives et

(1) Euntes ergo docete omnes gentes. *Matth.* XXVIII, 19.

(2) Labia sacerdotis custodient scientiam. *Malach.* II, 7.

des bibliothèques des preuves innombrables du zèle que l'Eglise, de concert avec l'Etat, déployait pour l'instruction du peuple. Déjà d'importantes monographies ont été publiées sur cette grave question par des maîtres, tels que MM. L. Delisle, Ch. de Beaurepaire, Maggiolo, Fayet, Léon Maître, A. de Charmasse, M. Quantin, Albert Babeau, A. Bellée, G. Leleu, E. Cuissant, le V⁰ᵉ Sérurier, l'abbé Portagnier, le C⁰ᵉ de Fontaine de Resbecq, Choron, J. Darsy (1), etc., etc. M. l'abbé E. Allain (2) en a fait l'analyse avec un talent supérieur et la compétence que lui donne sa persévérante étude de tout ce qui touche à l'enseignement. Les modèles sont devant nous. Notre but sera atteint quand nous aurons réuni les matériaux destinés à une histoire des écoles dans les anciens diocèses de Beauvais, Noyon et Senlis (3).

(1) Léopold Delisle, *Essai sur la condition de la classe agricole en Normandie.* — Ch. de Beaurepaire, *Recherches sur l'Instruction publique dans le diocèse de Rouen avant 1789*, Evreux, 1872, 3 vol. in-8°. — Maggiolo, *Condition de l'Instruction primaire et des maîtres d'école en Lorraine avant 1789.* — Fayet, *Recherches historiques et statistiques sur les communes et les écoles de la Haute-Marne.* — *Les écoles de la Bourgogne sous l'ancien régime*, Langres, 1875. — Léon Maître, *Les écoles épiscopales et monastiques de l'Occident, depuis Charlemagne jusqu'à Philippe-Auguste*; Paris, 1866. — A. de Charmasse, *État de l'Instruction primaire dans l'ancien diocèse d'Autun pendant le XVIIᵉ et le XVIIIᵉ siècles*, 1878. — Quantin, *Hist. de l'Instruction primaire dans les pays formant le département de l'Yonne.* — Albert Babeau, *L'Instruction primaire dans les campagnes avant 1789*, d'après les docum. tirés des Archives communales de l'Aube; Troyes, 1875. — A. Bellée, *L'Instruction primaire dans le département de la Sarthe, avant et pendant la Révolution*; Le Mans, 1875. — G. Leleu, *Notice historique sur les écoles de Semur-en-Auxois*, 1873. — E. Cuissant, *L'enseignement à Lyon et dans le département du Rhône avant et après 1789.* — Le Vicomte Sérurier, *L'Instruction primaire dans la région des Pyrénées occidentales, spécialement en Béarn*; Pau, in-8°. — L'Abbé Portagnier, *L'enseignement dans l'archidiocèse de Rheims, depuis l'établissement du Christianisme jusqu'à sa proscription.* — Le Comte de Fontaine de Resbecq, *Hist. de l'enseignement primaire avant 1789, dans les communes qui ont formé le département du Nord*; 1878. — Choron, *Recherches historiques sur l'Instruction publique dans le Soissonnais.* Bulletin de la Soc. Arch. de Soissons. — J. Darsy, *Étude historique sur l'Instruct. publique au diocèse d'Amiens*; dans la Picardie, 1881.

(2) E. Allain, *L'Instruction primaire en France, avant la Révolution*, 1876. — *Hist. de l'Instruction primaire, Congrès bibliograph.*; Paris, 1876.

(3) Cet essai de monographie a été présenté à la *Réunion des Sociétés savantes à la Sorbonne*, section d'histoire, le 8 avril 1885. Voir le compte-rendu au *Journal Officiel* du 9 avril 1885.

§ I. LES ECOLES AVANT L'AN 1000

Les documents relatifs aux écoles des provinces sont rares avant le xiᵉ siècle.

Venance Fortunat, évêque de Poitiers vers l'an 599, nous apprend en sa vie de Saint Médard, que ce grand serviteur de Dieu, né en 456, fréquenta les écoles dans son enfance, et qu'un jour, en s'y rendant, il donna à un pauvre aveugle la petite *casula* que lui avait confectionnée Protagie, sa mère (1). Où Saint Médard allait-il à l'école ? En la ville de Vermand, affirme l'historien poitevin, semblant confondre le Vermandois avec le territoire de Vermand, — à Salency, dans son propre village, *Salenciaci in proprio vico*, dit la légende du Bréviaire de Beauvais, s'appuyant sur un historien local, Radbod évêque de Noyon (989-997). Ainsi s'exprime ce dernier : Le bienheureux Médard, homme d'une sainteté remarquable, naquit et grandit à Salency, possession héréditaire de sa famille. Le domaine de Salency, ajoute-il, est situé dans l'évêché de Vermand, au pays de Noyon. Ce saint enfant, continue Radbod, élevé avec soin sous l'œil vigilant de son père et de sa mère, et versé, grâce à la munificence de Dieu, dans la science des lettres, surpassa en peu de temps tous ses compagnons par son prodigieux savoir. Ses pieux parents, dit encore l'historien noyonnais, considérant les excellentes dispositions de leur bon fils et son goût pour le service de Dieu, le confièrent à l'évêque, qui occupoit alors le siège de Vermand, et prièrent le prélat de le promouvoir à la cléricature par sa bénédiction épiscopale (2). Saint-Médard alla

---

(1) Cum adolescens ad scholam recurreret, casululam quam ei su genitrix fecerat .. in itinere cæco à se invento mox præbuit. *Vita sancti Medardi, prosa, auctore Venantio Fortunato.* BOLLAND. *Acta Sanct.* t. XX, Junii II, fᵒ 80.

(2) Beatissimus Medardus, egregiæ vir sanctitatis, patre Nectardo, matre vero Protagia genitus, apud Salentiacum, hereditariam prædeces sorum suorum possessionem, natus atque altus. Est autem prædium illud, Salentiacus, in episcopatu situm Viromandensi, in regione autem Noviomensi... Sanctus itaque puer, sub parentum tutela diligenter educatus,

ainsi aux écoles de Vermand, où il approfondit les belles lettres, puis à celles de Tournai, où son père occupait un emploi à la cour du roi Chilpéric, afin d'y parfaire son éducation sous les maîtres les plus habiles. Pendant que ce saint et innocent jeune homme était encore aux écoles, dit Venance Fortunat (1), il prédit qu'Eleuthère, son condisciple, obtiendrait un jour de ses concitoyens la charge de comte, et quand ce dernier eut atteint l'âge de trente ans, il l'invita à se préparer à l'épiscopat. Eleuthère devint en effet évêque de Tournay. De tout ce récit il ressort, qu'au vᵉ siècle il y avait de grandes écoles, à Vermand et à Tournai, et une école paroissiale à Salency. Vermand devait à Alomer, son évêque, la prospérité de son école, où la jeunesse de la contrée venait se former à la science et à la piété.

Saint Germer, nous disent les hagiographes, naquit au château de Vardes près Gournay-en-Bray et fut élevé à Beauvais à l'école épiscopale. Il surpassa tellement ses condisciples par la maturité de sa sagesse qu'ils l'écoutaient comme un maître.

Saint Audebert, né à Senlis vers 610, se montra le disciple assidu des maîtres, les plus pieux et les plus savants, et fit ainsi de rapides progrès dans la sagesse comme dans la science.

Saint Hubert, né à Brétigny vers 682, fréquenta jusqu'à douze ans l'école du monastère, et ne voulut plus ensuite se séparer des religieux auxquels il devait son instruction et son éducation.

Au vIIᵉ siècle encore, Saint Constantin, de la noble famille des seigneurs de Bulles-en-Beauvaisis, fut élevé avec Saint Philibert, le fondateur de Jumièges, et Saint Amalbert, à l'école du Palais, qui a donné à

---

divinæ providentia gratiæ studiis litterarum eruditus, parvo in tempore, insperatæ scientiæ lumine, præ ceteris consodalibus suis eminentius claruit,.. Respicientes autem boni parentes bonæ sobolis suæ benevolentiam, et in servitio Dei ejus attendantes industriam, episcopo, cum, qui tunc temporis Viromandensi præerat ecclesiæ, commendaverunt, orantes devotissime quatenus episcopali benedictione ad clericatûs promoveretur officium. *Vita Sancti Medardi, auctore Radbodo episc. Noviom. et Tornac.*, BOLLAND. *Acta Sanct.*, t. XX, Junii II, fˢ 87 et 88.

(1) Dum adhuc esset in scholis. VENANCE FORTUNAT, *loco citato.*

nos rois d'habiles ministres, à l'Etat des guerriers intrépides, et à l'Eglise des pontifes, des prêtres, des religieux, aussi remarquables par leur sainteté que par leur savoir.

Saint Hildeman, issu d'une riche famille du Beauvaisis, mort vers l'an 844, passa sa jeunesse en l'abbaye de Corbie. Il eut Saint Adélard, pour maître, et pour condisciples des religieux également avides de vertu et de science (1). Les Bollandistes et les *Acta Sanctorum Ordinis Sancti Benedicti* sont remplis d'indications du même genre.

Le 31 octobre 960, Albert-le-Pieux, comte de Vermandois et abbé de Saint-Quentin, authentiquait un échange de terre, fait entre son église et l'abbaye d'Homblières. Or, parmi les chanoines de Saint-Quentin, appelés à ratifier le contrat, nous remarquons le recteur Aubry, *Albricus didascalus* (2). Il y avait donc alors une école annexée à la collégiale de Saint-Quentin.

On conserve aux Archives de l'Oise une charte de Constance, évêque de Senlis, où les signatures de quatre enfants de chœur, Gontier, Gulfroy, Gisleran et Vautier accompagnent celle du prélat avec celles du doyen, du prévôt, de quatre prêtres et de quatre diacres de Saint-Rieul. Par cet acte, rédigé sous le porche de l'église, le 15 avril 972, la dix-septième année de l'épiscopat de Constance, la vingt-troisième du règne de Lothaire, le prélat, d'accord avec ses clercs, laisse, moyennant six sous de redevance annuelle, à un homme nommé Rothard, à sa femme et l'un de leurs héritiers, leur vie durant, une terre de deux manses et demi, appartenant à Saint-Rieul, au village de Bray près de Rully (3).

La présence d'enfants de chœur parmi les signataires du contrat prouve d'abord que ces enfants savaient écrire et sans nul doute lire. Elle nous per-

---

(1) Cf. *Officia propria Ecclesiæ Bellovacensis.* — SABATIER, *Vie des Saints du diocèse de Beauvais.*

(2) COLLIETTE, *Mémoires du Vermandois,* t. I, col. 566 et 567.

(3) *Arch. de l'Oise.* Fonds de Saint-Rieul.

met, en outre, de croire que la terre cédée était la propriété de leur école au môutier de Saint-Rieul, puisque l'évêque, avant de s'en dessaisir, demanda leur consentement.

Il est donc bien évident qu'il y eut des écoles dans notre région dès l'établissement du christianisme. Ces foyers de lumière et de vertu jouirent dans tous les temps d'une réputation justement méritée.

§ II. LES GRANDES ECOLES

DEPUIS LE ONZIÈME SIÈCLE

I. LES ECOLATRERIES. — Au xi⁴ siècle apparaît un personnage, entouré partout d'honneur et de vénération. C'est le maître des écoles, *magister scholarum*, autrement appelé l'écolâtre, *scholasticus*. Cumulant les fonctions de chanoine, de chancelier, de régent, de bibliothécaire et de maître des cérémonies, il jouissait d'un crédit considérable ; mais son titre de directeur des écoles primait tous les autres.

BEAUVAIS. — Saint Yves de Chartres, né à Auteuil (canton d'Auneuil) vers 1040, étudia les belles lettres et la philosophie à l'école épiscopale de Beauvais (1). Qui eut-il pour maître ? L'histoire ne le dit pas.

Cinquante ans plus tard, vers l'an 1100, la cathédrale de Beauvais avait pour bibliothécaire le chanoine Gautier. C'est en qualité d'écolâtre, ou de théologal, que Gautier consulta Saint Yves de Chartres sur la pénitence que méritaient ceux qui altéraient la formule et le cérémonial de la bénédiction nuptiale. La réponse qu'il reçut se trouve parmi les lettres de Saint Yves (2).

Au milieu du xiiᵉ siècle, vers 1155, maître Raoul de Beauvais, professeur de grammaire, ou écolâtre en cette ville, mais anglais de nation, selon l'histo-

---

(1) *Officia propria Eccl. Belloc.*

(2) S. IVONIS CARNOT. *Epist.* CXXIII ; Patrol. lat. MIGNE, t. CLXXII. — LOUVET, *Hist. et Antiq. du pays de Beauvaisis*, t. I, p. 363.

rien saint Hélinand, se permit des invectives contre les clercs attachés aux cours des rois ou même à celles des évêques. Il prétendait qu'ils seraient bien plus utiles à l'Etat en se livrant à l'enseignement dans les écoles. Pierre de Blois, archidiacre de Bath en Angleterre, releva cette critique en termes piquants :

« Vous me reprochez, lui dit-il, de perdre mon temps, au lieu de chercher à me signaler dans les luttes scientifiques aux camps des écoles. Excellent maître, le camp de Dieu est celui que nous habitons. C'est vraiment la maison de Dieu et la porte du ciel. Sachez que la maison de mon maître, l'archevêque de Cantorbéry, est composée de savants d'un mérite distingué, qui, après la prière et avant les repas, sont continuellement occupés soit à la lecture, soit à des conférences, soit à la décision des affaires les plus importantes du royaume, qui sont portées devant nous. Au lieu que vous, enfant de cent ans, s'il est permis de vous appeler ainsi, vous n'êtes occupé que de niaiseries, discourant éternellement sur les premiers éléments des voyelles et des syllabes. Priscien Cicéron, Lucain, Perse sont les noms que vous idolâtrez ; mais, hélas ! j'appréhende fort qu'à l'heure de la mort on ne vous demande malignement : Où sont donc vos divinités ? » (1)

On sait par là, ajoutent les auteurs de l'*Histoire littéraire de la France* (2), quels étaient les auteurs expliqués dans les écoles. On voit que la plupart des professeurs consacraient toute leur vie à l'enseignement des humanités, moyen sûr de former de bons élèves.

Raoul de Beauvais avait reçu les leçons d'Abé-

---

(1) Magistro Rad. Bellovacensi, Petrus Blesensis, Bathoniensis archidiaconus, salutem et saltem in senio senem esse.... Causamini, quod inaniter expendam dies meos, qui in castris scholaribus poteram fructificare quamplurimis. Magister bone ! *Castra Dei sunt hæc* (Gen. 32) inquibus habitamus, et sciatis quia *non est hic aliud nisi Domus Dei et porta cœli* (Gen. 28). In domo domini mei Cantuariensis archiepiscopi viri litteratissimi sunt, apud quos invenitur omnis rectitudo justitiæ, omnis cautela providentiæ, omnis forma doctrinæ. Isti post orationem et ante comestionem in lectione, in disputatione, in causarum decisione, jugiter se exercent. Omnes quaestiones regni difficiles et nodosæ referuntur ad nos.... Vos circa litteram et syllabam et circa hujusmodi elementares doctrinæ primitias vestrum adhuc ingenium exercetis; et, si dicere fas est, vos, pue: centum annorum et elementarius senex, docetis sapientiam. .. Priscianus et Tullius, Lucanus et Persius, isti sunt dii vestri. Vereor ne in extremæ necessitatis articulo, vobis improperando dicatur : Ubi sunt dii tui in quibus habebas fiduciam ? Petri Blesensis *epistol.* VI ; *Patrol. lat.*, Migne, t. CCVII, col. 16-19.

(2) *Hist. littéraire de la France*, Edit. Paulin Paris, t. XV, p. 378.

lard. A son tour il eut à son école l'historien saint
Hélinand, moine de Froidmont, originaire de Pron-
leroy. Sous la direction de ce maître, aussi savant que
pieux, Hélinand se fit en peu de temps remarquer
par l'étendue et la variété de ses connaissances. Il
était d'ailleurs doué d'une imagination vive et fé-
conde et d'une grande sagacité d'esprit. Il cultiva
avec succès la poésie, se faisant admirer surtout dans la chanson et dans la satire aux traits
fins, spiriuels et mordants. Gentil ménestrel, dans sa
jeunesse, il parcourut les châteaux, semant la gaieté
partout où il se trouvait. « Il ne se donnait de son temps,
dit l'*Histoire littéraire de la France*, ni spectacle, ni
divertissement, dans les places publiques, les écoles
ou les tournois, où il ne fût appelé (1). »

Vers 1250, vivait un autre Raoul de Beauvais, dont
les poésies eurent aussi quelque célébrité, mais rien
ne nous permet de croire qu'il tient école (2).

Les registres capitulaires de Saint-Pierre de Beauvais donnaient des renseignements précis sur les
charges et les prérogatives de l'écolâtre. En ceux de
1353, on lisait que l'écolâtre formait les lecteurs pour
l'office, leur enseignant à bien accentuer et à observer
les pauses. D'après les registres de 1369, c'était à
l'écolâtre qu'appartenait la présentation du maître
de grammaire pour les enfants de chœur, et c'était
lui qui délivrait à ce maître ses lettres de provisions.
Si l'on en croit les registres de 1409, c'est encore de
lui que le régent de grammaire recevait ses appointements. L'institution des précepteurs de la ville et
des villages voisins lui revenait de plein droit. Les
maîtres lui devaient demander la permission d'enseigner à la jeunesse, soit la grammaire, soit les arts
libéraux. En l'année 1541, une plainte fut portée devant le Chapitre contre le clerc de la Basse-Œuvre
qui tenait école avec l'agrément de son curé, mais
sans avoir obtenu l'autorisation de l'écolâtre. Les
chanoines firent droit à cette juste réclamation (3).

(1) *Hist. littéraire de la France*, t. IX.

(2) MORERI, *Dictionn. Hist.*

(3) LOUVET, *Hist. et Antiq. du pays de Beauvaisis*, t. I, p. 364.

Les obligations et les priviléges de l'écolâtre étaient presque partout les mêmes. Ce que nous venons de voir à Beauvais, nous le retrouverons à Noyon, à Senlis et ailleurs.

SAINT-GERMER. — L'école de Saint-Germer jetait un grand éclat au xi° siècle. Guibert de Nogent, issu d'une riche et puissante famille de Beauvais, s'y fit moine à l'âge de onze ans en 1065. L'histoire paraît avoir été son étude favorite. Ses *Gesta Dei per Francos* sont restés célèbres. Son exemple dut servir beaucoup à inculquer aux moines de Saint-Germer l'amour des lettres et des sciences (1). Ses leçons, dit M. Léon Maître, furent surtout utiles au médecin Benoit et à Eustache, célèbre prédicateur de l'époque (2). Le théologien Adélelme était religieux de Saint-Germer vers 1107 (3).

Raoul de Flay, appelé aussi Raoul-le-Noir, *Radulfus Flaviacensis*, mort en 1157, a laissé des commentaires sur le Lévitique, les Proverbes, le prophète Nahum, les épitres de saint Paul et l'Apocalypse. Le reste de ses œuvres est perdu (4).

CLERMONT. — Clermont-en-Beauvaisis avait aussi ses grandes écoles au xii° siècle. Il s'y trouvait, vers 1103, un maître, habile dans toutes les parties du *trivium* et du *quadrivium*, qui sollicitait la permission de transférer son école à Gournay. « Je possède à Clermont, disait le comte Renaud à Hugues seigneur de Gournay, un maître, qui, cette année encore, y tient les écoles. La réputation de votre ville, le désir de se concilier votre amitié, l'ont porté à solliciter de vous par mon entremise une faveur qu'il appelle de tous ses vœux. Il est versé dans l'étude des auteurs et des philosophes et dans celle de la grammaire notamment. Il connaît l'Ecriture sainte, et ce qui met le sceau à tous ces avantages, il s'est rendu recommandable par la gravité de ses

(1) GRAVES, *Statist. Le Coudray-Saint-Germer*, p. 70.
(2) Léon MAITRE, *op. cit.*, p. 153.
(3) GRAVES, *Ibid.*, p. 72.
(4) *Hist. littéraire de la France*, t. XII, p. 480.

mœurs. Il vous demande donc, ainsi qu'à vos clercs, la permission d'enseigner l'année prochaine en votre castel de Gournay (1). » Faut-il donner à ce maître le titre d'écolâtre ? C'est notre avis. Au XIIᵉ siècle les écolâtres n'avaient pas seulement le gouvernement des écoles. Ils donnaient eux-mêmes des leçons, et quand ils acquéraient quelque célébrité, ils cherchaient un plus vaste théâtre à leurs talents.

CREIL. — Le Chapitre de Saint-Evremond, fondé à Creil, dans l'enceinte du château, eut dès l'origine au nombre de ses privilèges celui de diriger les écoles de la ville. Une sentence de Jean d'Encre, garde des prévôtés de Senlis et de Creil, en date du 1ᵉʳ octobre 1435 (2) nous donne à cet égard des renseignements précis. » Maistre Eustace la Vielle, maistre des escoles de Creilg » avait porté plainte devant lui contre Jean Barillet, qui se permettait de tenir école et « depuis certain tems ença avoit atrait à soy plusieurs petits enfants et leur monstroit et enseignoit leur créance et les petits livres et en recevoit les prouffits. » Au cours de la plaidoirie il fut constaté que « Messeigneurs les chanoines et Chapitre de l'église de Saint-Evremond de Creilg, ont à cause de sa fondation plusieurs beaux droits, seigneuries et prérogatives, et entre les aultres, ont droit et sont en possession et saisine de donner et octroyer et bailler à tèle personne, que il leur plaist, la maistrise et gouvernement des escoles dudit Creilg, pour celuy à qui le don est fait tenir escolle, apprendre et enseigner les enfans, les doctriner et corriger ainsi qu'il appartient sans que autre, de quelque estat qu'il soit, y puisse mettre ne donner débat, contredit, ne empeschement en saisine et possession. »
Maître Eustache la Vielle prouva par ses lettres de provisions que les chanoines de Saint-Evremond « luy avoient baillé, donné et octroyé le gouvernement desdites escoles de Creilg pour en joyr ainsy et par la manière que dit est, » et demanda que son

(1) *Histor. Universitatis Parisiensis*, par DU BOULAY, t. II, p. 11.
(2) Dᵣ BOURSIER, *Histoire de la ville et châtellenie de Creil*, p. 527.

concurrent « fust condamné à cesser de tenir escolle
et à soy tenir de apprendre les enfans, si ce n'est
à escrire seulement ». Pour se justifier Jean Barillet
déclara qu'il se gardait bien de contester le droit du
Chapitre, mais qu'il « avoit perdu tout le sien à l'occasion de la guerre et ne sçavoit comment gaigner sa
vie, sinon à apprendre petits enfants à l'école, et par
ce ne lui devoit le dit demandeur empescher à gaigner
sa vie, mesmement que s'il avoit petits enfans en son
hostel que il apprenoit, il ne les avoit point requis
à avoir, mais les lui avoient envoyé leurs pères et
mères de leur voulenté. » Ces raisons ne touchèrent
point le tribunal. Le délinquant tut condamné à
« soy cesser doresnavant de plus tenir escolle audit
Creilg, et de ne plus apprendre et enseigner enfans
sinon tant seulement à escrire. »

Les leçons de calligraphie restèrent comme unique
ressource à Jean Barillet ; mais la profession de calli-
graphe était loin d'être aussi lucrative que celle de
maître des écoles. Le plus grand nombre des écoliers
apprenait à écrire, nous n'en saurions douter, mais
l'art de reproduire la belle écriture et les enluminures
des manuscrits ne pouvait être enseigné qu'à ceux
en qui se trouvaient des aptitudes spéciales. Charlemagne, le grand empereur et le restaurateur des
lettres, ne s'est-il pas exercé sans succès à la calligraphie ? *Tentabat scribere*, dit son historien Egin-
hard (1). Nous savons cependant qu'il corrigea de
sa main le texte entier de la Bible (2) et qu'il portait sans cesse sur lui durant le jour, et plaçait la nuit
à son chevet des tablettes et des plumes, ou styles,
pour noter, à mesure qu'elles se présentaient à son
esprit, les pensées qu'il croyait utiles à l'Eglise, à la
police de l'Etat, au gouvernement de l'Empire (3).

Si le dernier historien de Creil avoit fait ces ré-

(1) D. BOUQUET. *Histor. de France*, t. V, p. 99.

(2) CAROLI MAGNI. *Carmina*. MIGNE, *Patrol. lat.*, t. XCVIII, col. 1358.

(3) HINCMAR *Capitul. synodal. apud. Sanctam-Macram* (Fismes),
promulgata, titul. VIII ; *Patrol. lat.*, t. CXXXV, col. 1085. — DARRAS,
Hist générale de l'Eglise, t. XVII, p. 472, 473.

flexions, il n'aurait pas ajouté à la suite du procès
intenté à Jean Barillet cette injuste critique : « Le
maître nommé par le Chapitre de Saint-Evremond
n'était pas capable d'enseigner aux enfants l'art d'é-
crire (1). » Tout nous porte à croire au contraire
que « maistre Eustace la Vielle » était maître ès-arts
en l'Université de Paris. Quoiqu'il en soit, le Chapitre
de Saint-Evremond tenait à son privilège de régir
les écoles.

Le 27 juin 1680, de concert avec le curé de Creil,
il fit choix de Claude Vilain « pour remplir la place
de maistre d'escolle, dans la ville. » « Après l'avoir
veu, examiné et interrogé sur le fait de la dite maistrise d'escolle, dit l'acte de nomination, après avoir
esté nottifié des bonnes vie et mœurs, capacités,
preud'hommie et expérience tant par les certificats
qu'il nous a représentés de Messieurs les doyen,
chanoines et Chapitre de l'église collégiale S. Cosme
et S. Damien de Luzarche, des eschevins et habitans dudit lieu, en date du 21 septembre 1679, que
des habitans de Creil, nous l'avons receu et recevons
en la dite qualité de maistre d'escolle de la ville de
Creil, conformément aux règlements et actes dudit
Chapitre portant que le jour de *Misericordia Domini*
(deuxième dimanche après Pâques) ledit maistre
d'escolle est tenu de se présenter et de demander la
continuation de la dite maistrise d'escolle (2). »

Noyon. — *Ecolâtres.* — *Adélard.* — Le 8 mai 1064,
l'écolâtre Adélard, *Adelardus scholasticus*, figure
comme témoin en la charte de fondation du monastère de Saint-Barthélemy de Noyon (chanoines
réguliers de Saint-Augustin). Deux ans plus tard,
le 25 juin 1066, le même Adélard, écolâtre, assiste
à la translation du corps de Saint-Eloi dans une
chasse d'or (3).

Foucher. — En 1108, Foucher, *Fulcherius scho-*

(1) D⁺ Boursier. *Hist. de Creil*, p. 248.

(2) *Archives de l'Oise*, Chanoines de Saint-Augustin. Prébende de Saint-Evremond de Creil ; H. 612.

(3) *Gallia Christ.*, t. X, Instrum. Eccles. Noviom. col. 367 et 385.

lasticus, est inscrit parmi les témoins de l'abandon
que fit entre les mains de Baudry, évêque de Noyon,
Odon seigneur châtelain de Ham, de ses droits sur
l'église de Notre-Dame de Ham, au profit des chanoines réguliers.

L'écolâtre Foucher signa encore, en 1119, le don
que Lambert, évêque de Noyon et de Tournai, fit
aux chanoines de Saint-Augustin du monastère de
Notre-Dame de Vermand, de tout ce qu'il possédait
à Vermand (1).

En 1130, Simon, évêque de Noyon, et les chanoines
de sa cathédrale accordent aux templiers la jouis-
sance pendant un an de toute prébende canoniale
vacante par décès, démission, entrée en religion ou
autrement. Ils réservent toutefois les droits accou-
tumés du sous-chantre ; une mine de blé, si la prébende doit revenir à un enfant ; et le cens du tonlieu
de la mi-mars en faveur du maître des écoles, *magistro scholarum censum thelonei de medio mar-
tio* (2).

Robert. — Le 25 juin 1157, se fit une nouvelle
translation des reliques de Saint-Eloi, à laquelle fut
présent l'écolâtre Robert, *magister scholarum,
Robertus*. Le même écolâtre Robert assista à la rédac-
tion des coutumes de l'église de Noyon en 1168 (3).

Hugues. — En 1174, Hugues, *Hugo, magister
scholarum*, faisait une convention avec Nicolas Tison,
relativement à une terre défrichée et mise en culture
par ce dernier à Sermaize. Hugues devint fermier de
cette terre moyennant une redevance annuelle de 2
muids de froment (4).

En 1176, il signa avec Godefroy, chantre de Noyon,
la donation à l'abbaye d'Ourscamp de la terre de
Setfours (canton de Roye, Somme), par Conon,
comte de Soissons et seigneur de Nesles. (5).

(1) *Gallia Christ.*, t. X, col. 373, 374.

(2) COLLIETTE, *Mém. du Vermandois*, t. II, p 425.

(3) COLLIETTE, *Ibid.* t. II, p. 411, 412,

(4) *Cartul. du Chapitre de Noyon*, Arch. de l'Oise, G. 1984, f° 89.

(5) PEIGNÉ-DELACOUR, *Cartul. d'Ourscamp*, ch. 291, p. 174.

Eudes. — En avril 1230, Renold, abbé de Saint-Crespin de Soissons et le Chapitre de Notre-Dame de Noyon prennent pour arbitres Thomas, doyen de Noyon, maître Eudes l'écolâtre, *magistrum Odonem scholasticum*, et maître Milon, chanoine. (1)

Hervé. — En juin 1237, Eudes de l'Arbroye, maître Gérard de Soissons et Milon d'Amiens, chanoines de Noyon, vendent au Chapitre la maison de feu maître Hervé, l'écolâtre, *magistri Hervii, quondam scolastici Noviomensis*, dont ils étaient les exécuteurs testamentaires. (2)

Enguerrand. — En 1242, la charge d'écolâtre était, nous dit l'historien du Vermandois, Colliette, remplie avec succès par Enguerrand. (3)

Simon de Douy ou de Douay. — En juin 1243, l'abbaye de Saint-Barthélemy et la communauté des chapelains de Noyon, prenaient pour arbitres Simon de Douy, écolâtre de Noyon, *Simonem de Duaco scolasticum*, et Laurent de Médout, chanoine, *Laurentium de Medunta, canonicum*, dans une contestation relative à un cens de 4 deniers parisis, sur une maison située devant l'église de Saint-Germain à Noyon.

L'écolâtre Simon de Douy nous est également connu par l'acquisition qu'il fit de trois pièces en la vigne de Losart, au mont Saint-Siméon, près de Noyon. Il acheta la première, en décembre 1248, à Clémence de Badicourt et ses enfants, Pierre, Simon, Arnoult, Béatrice de Badicourt et Châtelaine de Badicourt, femme de Jean de Magny ; la seconde en avril 1250, à Guibert et Pierre Berbiole, exécuteurs testamentaires de Jean de Douy, frère de Clémence de Badicourt ; et la troisième en mai 1250, à Aélide, veuve d'Evrard de Bouchoir. Le tout lui coûta 24 livres parisis. (4)

(1) *Arch. de l'Oise*, G. 1984, fⁿ 224.

(2) *Cartul. du chap. de Noyon*, fⁿ 266.

(3) COLLIETTE, *Mém. du Vermandois*, t. II, p. 230.

(4) *Arch. de l'Oise, Cartul. du Chap. de Noyon*, G. 1984, fⁿˢ 368, 372, 373.

Drogon. — En décembre 1251, le chanoine Herbert le Cirier, jouissait derrière sa maison d'un jardin qu'avait autrefois possédé Drogon, l'écolâtre. Ce jardin devait 60 sous et deux deniers parisis aux clercs écoliers du chapitre de Noyon. Herbert leur en donna titre nouvel et leur abandonna en outre un cens de de deux deniers parisis sur la même propriété. (1)

Robert le Fèvre. — Par son testament fait en 1294, l'écolâtre Robert Fâvre ou le Fèvre prenait rang parmi les insignes bienfaiteurs de l'hôpital de Saint-Jacques des Pauvres-Clercs-Ecoliers ou Capettes. (2)

Itier de la Jarousse. — En 1358, l'écolâtre Itier de la Jarousse, docteur en droit civil et canonique, se trouvait à Avignon auprès du pape (3), qui le fit évêque d'Auxerre (8 mars 1359 — 8 juin 1361).

Gautier Vasset. — Le 10 novembre 1448, l'écolâtre Gautier Vasset obtint du Chapitre de Noyon la permission de faire réunir à son titre la première prébende canoniale, qui viendrait à vaquer. Celle de Pierre Amantis ou Amant lui fut donnée. Il y fut reçu le 12 janvier suivant, en vertu des bulles du pape Nicolas V, approuvant la disposition capitulaire. (4)

Henri Joly. — Le jeudi 30 mai 1482, Henri Joly, licencié en lois, chanoine et écolâtre de Noyon, fit, au nom du Chapitre de Noyon, une transaction avec dom Raoul Ledru, prieur d'Élincourt-Ste-Marguerite, relativement à un bois nommé le Buisson-de-Nesle, situé entre Cannectancourt et la cense de la Carmoye, près du lieu dit la Fontaine-d'Orval. (5)

Pierre Isabellis. — Il paya, le 22 août 1506, 18 livres parisis pour trois enfants de chœur envoyés aux écoles.

Pierre Allart. — Le 8 juin 1513, Pierre Allart, écolâtre, figure avec Jean de Watines, chantre, et ses

(1) *Cartul. du Chap. de Noyon*, f° 373.

(2) *Arch. de l'Oise*, G. 1695.

(3) Colliette, *Mémoires du Vermandois*, t. II, p. 799.

(4) Id. t. III, p. 62.

(5) *Arch. de l'Oise*, G. 1910.

autres confrères du Chapitre de Noyon, dans un accord avec l'abbaye de Saint-Corneille de Compiègne, au sujet du bois des Raimbault, sis à Thiescourt (1).

E. de Castro était écolâtre en 1542. *Antoine Bellement* l'était en 1560, et *François Mallet* en 1573.

Les procès-verbaux d'inspection du collège de Noyon par les commissaires délégués du Chapitre nous font connaître encore plusieurs écolâtres. C'étaient en 1619, *Nicolas Jacquart*, qui établit une communauté de Minimes à Chauny ; de 1678 à 1697, *Jean de Théis* ; de 1699 à 1721, *Charles de Théis*, docteur en théologie de la Faculté de Paris, qui fut à la fois, chanoine et écolâtre du Chapitre, vicaire général de l'évêché, conseiller du roi, commandeur de l'ordre du Saint-Esprit, official et juge ordinaire en la cour épiscopale de Noyon ; en 1729, *Antoine Lucas* ; en 1750 *Jean-Charles Marcotte ;* de 1753 à 1756, *Jean des-Achards-de-Balanzac ;* de 1757 à 1775, *Jean-Baptiste Gosset ;* en 1780 et 1781, *Antoine-Eloi Cordier.* (2)

Charges de l'écolâtre. — Au cartulaire de N.-D. de Noyon se trouvent divers règlements émanés du Chapitre à la fin du XIIᵉ siècle et au commencement du XIIIᵉ. Les uns regardent les chanoines et les dignitaires du Chapitre, les autres les officiers de l'église. En 1168, fut dressé l'état des privilèges du Chapitre. En 1176, on rédigea un règlement sur la partition des vignes canoniales et la distribution des deniers entre les chanoines ; en 1185, un règlement pour les sonneurs ; en 1208, un règlement sur les charges du doyen ; en 1213 et 1217, des règlements sur la résidence et le stage des chanoines ; en 1231, un règlement sur les obligations des marguilliers. Il y en a un également sur les charges du trésorier et un autre sur les droits, privilèges et émoluments de l'écolâtre. Ce dernier remonte à l'administration du doyen Hugues de Coucy (1183-1204). Nous allons en donner les principales dispositions :

(1) *Arch. de l'Oise*, G. 1909.

(2) *Arch. de l'Oise*, G. 558, 1908 et 1622.

Celui qui sera institué maître des écoles à Noyon aura, en vertu de son titre et de sa dignité, les cierges des enfants de chœur, le jour de la Purification de la sainte Vierge, les deniers des chanoines clers-mineurs, provenant du tonlieu de la mi-mars, deux demi-pieds des cierges présentés à l'évêque à Pâques et à la Pentecôte, avec les autres émoluments de sa charge. Il devra se contenter de ces émoluments, sans chercher à en obtenir de plus considérables, sous peine de perdre son titre et son bénéfice. S'il veut se faire remplacer dans les leçons à donner, il devra présenter un maître capable, la veille de Pâques, afin de le faire agréer par le Chapitre. Il devra résider continuellement à Noyon et prêter serment au Chapitre d'observer ses devoirs. Si d'autres privilèges avaient été conférés à un écolâtre, ils doivent être considérés comme uniquement temporaires et attachés à la personne. Ces faveurs, à l'avenir, sont interdites. (1).

L'écolâtre ne chercha-t-il pas à éluder ces prescriptions ? On est tenté de le croire, en lisant au cartulaire un nouveau règlement coutumier à son usage. Ce règlement paraît avoir été rédigé vers 1255, à la suite d'observations présentées au Chapitre sur le mauvais vouloir ou la négligence que semblait mettre l'écolâtre dans l'exercice de ses fonctions. C'est, du moins, la conclusion qu'il est permis de tirer d'une enquête jointe au règlement. Lequel a la priorité du règlement ou de l'enquête ? Il est probable que le règlement a suivi de près l'enquête. Or, quand cette dernière a eu lieu, Simon de Douy n'était déjà plus écolâtre.

Voici le règlement traditionnel imposé à l'écolâtre, à l'église comme au dehors:

L'écolâtre doit être ordonné diacre ou prêtre, dans l'année de sa promotion ; faire continuelle résidence, comme le sous-chantre ; rédiger par lui-même ou par un autre en temps utile, le bref des lectures de jour et de nuit, de même que le sous-chantre le bref des chants ; suppléer par lui-même ou par un autre, le lecteur absent, dans les lectures du jour et de la nuit comme doit le faire le sous-chantre pour les chants ; examiner tous ceux qui doivent lire, comme le sous-chantre, tous ceux qui doivent chanter ; conserver tous les livres du Chapitre, les corriger et les réparer au besoin, mais aux frais du Chapitre, de même que doit le faire le sous-chantre pour les livres de chant ; lire toutes les chartes au Chapitre et faire toutes les écritures de chartes

(1) *Cartul. du Chap. de Noyon*, f° 101.

2

et autres documents, sous le sceau du Chapitre, mais aux frais du Chapitre ; se pourvoir chaque année, en dehors du Chapitre, pour la direction des écoles de Noyon, d'un recteur capable, ayant professé les belles lettres à Paris, et le présenter au Chapitre, le Jeudi-Saint après le sermon qu'il doit faire, lui ou un suppléant, défendre, contre tous, les écoliers, et, s'ils éprouvent dommage, chercher à obtenir pour eux réparation, à leurs frais toutefois. Il ne doit pas souffrir qu'un professeur de quelque faculté vienne, sans son autorisation, ouvrir école à Noyon ou dans quelque autre ville ou village du comté de Noyon. Cette disposition s'applique même aux écoles de chant en carême ou tout autre temps, quand les écoliers de Noyon voudront se rendre aux écoles de chant. L'écolâtre, à raison de son écolâtrerie, a, de temps immémorial, sa stalle au chœur en haut à droite, à côté de l'archidiacre, bien que dans les temps reculés sa stalle fût au pilier droit, et celle du sous-chantre au pilier gauche (1).

L'enquête sur les devoirs de l'écolâtre n'est pas moins curieuse que le règlement :

« L'écolâtre, dit maître Gérard de St-Maurice, est tenu de faire les lectures tant le jour que la nuit, à défaut du lecteur, comme le sous-chantre doit remplacer les absents pour les chants. L'usage l'a toujours ainsi voulu. J'ai vu notamment l'écolâtre Eudes suppléer le lecteur pour l'évangile ou l'épître, le jour comme la nuit. Je crois également que l'écolâtre doit remplacer l'enfant de chœur absent pour la leçon de prime. Maître Simon de Douy, avant qu'il ne fût écolâtre, disait que l'écolâtre devait remplacer les absents pour toutes les leçons, qu'il était tenu de lire les chartes au Chapitre, de rédiger les chartes et pièces du Chapitre, de faire le Jeudi-Saint le sermon, lui ou son suppléant, de présenter un professeur ayant enseigné à Paris, de marquer les leçons, de corriger les livres et de les réparer aux frais du Chapitre, d'examiner ceux qui doivent livre et de s'acquitter de toutes les autres charges énumérées dans son règlement coutumier. Il m'a même laissé une note de tous ces devoirs, ce qui ne l'a pas empêché, quand il a été écolâtre, de se refuser à remplacer le lecteur pendant le jour.

Interpellé à son tour, Geoffroy Manchions déposa ainsi : J'ai vu plusieurs fois maître Eudes d'Amiens, avec l'étole, le manipule et le surplis, remplacer le lecteur pour l'évangile du jour. J'ai souvent ouï dire, depuis que je suis chanoine de chœur, que l'écolâtre devait agir ainsi. J'ai assisté au sermon de l'écolâtre le Jeudi-Saint, et je l'ai vu présenter le maître des écoles. C'est lui qui doit rédiger et lire les chartes au Chapitre. Il est tenu de remplacer les absents, le jour comme la nuit. J'ai vu Eudes faire porter et annoter chez lui le livre des évangiles. Je crois

(1) *Cartul. du Chap. de Noyon*, f° 358.

que l'écolâtre doit corriger ou faire corriger les livres aux frais du Chapitre.

J'ai vu, dit Beaudouin Tue-Vache, chapelain de la cathédrale, j'ai vu bien des fois l'écolâtre remplacer les lecteurs absents pour l'évangile du jour et pour toutes les leçons de la nuit. Je dois dire pourtant que maître Simon de Douy, qui était un homme capricieux et querelleur, a refusé plusieurs fois de remplacer le lecteur pour l'évangile du jour, quoiqu'il l'ait fait en d'autres temps. Je crois bien cependant que l'écolâtre doit s'acquitter de toutes les obligations énumérées par maître Gérard de St-Maurice.

Telle fut la déposition de Jean Bosquet, chapelain : J'ai vu l'écolâtre maître Hervé avec l'étole et le manipule lire les évangiles à défaut du lecteur. Etait-ce à tort ou à raison ? Je n'en sais rien. Je n'ai pas vu d'autre écolâtre agir ainsi ; mais j'ai entendu dire que l'écolâtre devait remplacer le lecteur et s'acquitter des autres devoirs énoncés par maître Gérard de St-Maurice, sauf de la leçon de prime.

J'ai très souvent ouï dire, déposa Pierre Chopins, chanoine de Noyon, que l'écolâtre devait remplacer le lecteur absent et remplir les autres devoirs dont on vient de parler, mais je ne me souviens pas d'avoir jamais vu un écolâtre suppléer le lecteur pendant le jour, ni pour l'évangile, ni pour l'épître.

Henri de Bussy, chanoine de Noyon, déposa ainsi : J'ai vu un écolâtre, je ne sais lequel, lisant l'évangile du jour, peut-être pour le lecteur absent. J'ai entendu dire et je crois que l'écolâtre est tenu de s'acquitter de toutes les charges dont il vient d'être question (1).

SAINT-QUENTIN. — Les grandes écoles de Saint-Quentin étaient situées dans le voisinage de la Paneterie. Les actes capitulaires de 1527 les nomment *scholæ in Panario*. Le vieux cahier de partition du chapitre, au titre *Nigra Panetaria*, la Paneterie noire, renferme à leur sujet cette mention :

Pour les vêtements des pauvres, XXX muids de blé ;

Pour les pauvres écoliers, deux setiers ; *pro pauperibus scholariis II sextarii;*

Pour l'hôpital des enflés, XII setiers, etc.

Au vieux martyrologe, ch. 17, on lit également :

Dans les prébendes de carême, nos pauvres clercs ont six prébendes, les écoles deux, et le grand hôpital deux (2).

Il était question en 1527 de reconstruire ces écoles

(1) *Cartul. du Chap. de Noyon*, fᵒ 359.

(2) COLLIETTE, *Mém. du Vermandois*, t. II, p. 468.

de la Paneterie. Mais le projet ne fut pas mis à exécution, et la classe des chanoines finit par être réunie au collège.

Ecolâtres de St-Quentin :

1141, *Jean* et *Renier* ;

1193, *Jean* dont le seing, *signum Johannis ma-*
gistri scholarum, figure avec ceux d'Anisius, doyen
de St-Quentin, Etienne, chanoine sous-chantre,
maître Gérard, etc., au bas de la déclaration, que se
firent mutuellement de leurs droits et de leurs devoirs, l'église de St-Quentin et celle du Mont-Saint-
Martin (1);

En 1199, *O....*

En mai 1212, *W.*, *magister scolarum* et chanoine
de St-Quentin, notifie un accord passé entre Richalde
de Lesquielles-St-Germain (Aisne), Etienne, son mari,
et l'abbaye de Boheries, au sujet de différentes pièces
de pré (2) ;

1242, *Pierre Waudès* ;

1300, *Nicolas Callia* ou *la Caille ;*

1333, *Robert le Listeur* ;

1396, *Jean Chaulart;*

1480, *Jean Faber* ou *le Fèvre ;*

1489, *Pierre Regnart* ;

1515, *Jean de Casaulx* ;

1567, *Jean Fournier,* qui paraît en qualité de délé-
gué du chapitre dans une transaction entre le corps
de ville et les chanoines (14 oct. 1567).

1701, *Charles Gobinet,* témoin d'une autre transaction entre le chapitre et la communauté des chapelains de St-Quentin (12 juin 1701).

1750, *Louis-Théophile d'Origny,* écuyer, seigneur
du Metz, prêtre et chanoine (3).

Compiègne. — La ville de Compiègne, placée à la
limite du diocèse de Soissons, n'était séparée que par

---

(1) Colliette, *op. cit.*, t. II, p, 421.

(2) V. de Beauvillé, *Documents inédits sur la Picardie,* t. II, p. 27.

(3) Colliette, *Mém. du Vermandois,* t. II, p. 159, 202, 253, 421, 422,
768, 844 ; t. III, p. 156.

l'Oise du diocèse de Beauvais. L'influence de ses
écoles dut se faire sentir sur plus d'un village du Beauvaisis.

L'abbaye de Saint-Corneille avait son écolâtre dès
le xii° siècle. Elle lui donnait une demi-prébende
dimidia prebenda scholæ. Ce bénéfice se trouve mentionné, avec la prébende de Saint-Pierre, dans la bulle
qu'adressait d'Anagni aux religieux le pape Alexandre III (1159-1175), le 14 des calendes de juin (19 mai)
pour confirmer leurs droits sur l'église de Saint-Clément et sur le prieuré de Saint-Pierre (1). Adam, écolâtre de Compiègne, *Adam rector scholarum de Com-
piendo,* assista l'an 1226, comme témoin, à la vente
d'une pièce de terre à Gérard, moine de Saint-Corneille, procureur de la maison de Sept-Voies (2).
Les grandes écoles de Compiègne se tenaient à Saint-
Clément.

Nous empruntons à M. H. de l'Epinois (3) les
renseignements suivants qu'il a publiés dans la *Bibliothèque de l'école des Chartes* : En 1457, la ville de
Compiègne donnait une pension « à maistres Jehan
du Crocq et Jehan de Sains, maistres-ès-arts, traans
lors les escoles au dit Compiengne, pour don à eulx
fait en faveur de l'estude et ad ce qu'ilz fussent plus
enclins à introduire les enfans et eulx entretenir. »
En 1481, c'était « vénérable personne, maistre Jehan
Camus » qui régentait les écoles de la ville. Une
gratification lui fut accordée « pour aider à son
vivre, parceque la plus part des enfants deslaissaient
à aller à l'escolle pour la peste. » Le vendredi
16 juin 1497, les gouverneurs envoyèrent « adjour-
ner en la ville de Roye, maistre Jehan Carton,
doyen et chanoine dudit lieu, escollatre de Compiègne, à comparaître par devant M. le bailli de Senlis
ou son lieutenant à Compiègne, pour respondre au
procureur du roy et des gouverneurs, affin de mettre

(1) *Cartul. de Saint-Corneille,* Bibl. Nat. ms. lat. 9171, ch. 11.

(2) *Cartul. de Saint-Corneille,* ch. 400.

(3) H. DE L'EPINOIS, *Notes extraites des Archives commun. de Compiègne. Bibl. de l'Ecole des Chartes,* V° série, t. V, p. 154.

ordre et provisions aux escolles et introduction des enffans de ladite ville. » En 1550, la ville louait « la maison de Raoul le Féron, nommée l'hostel de Boulongne, laquelle, par délibération de la dite ville, a esté occupée par les grandes escolles de la ville. » Vers ce même temps, les gouverneurs de la ville adressaient une remontrance à maître Jean Pigou, procureur de la prébende de l'écolâtre, en l'église Saint-Clément, sur la mauvaise conduite des jeunes enfants. Maître Pigou demanda alors un endroit pour établir des écoles.

SENLIS. — Senlis eut, dès le xe siècle, une école attachée à la cathédrale. Une charte de 972 nous en a fourni la preuve.

Vers 1106, il y avait au Chapitre un prébendé maître d'école. Son absence aux offices ne l'empêchait pas de percevoir les revenus de sa prébende, quand il faisait l'école. Aussi pouvait-il consacrer tout son temps à ses élèves (1).

Vers l'an 1151, Thibault, évêque de Senlis, de concert avec son Chapitre, établit dans sa cathédrale un maître de chant, ou sous-chantre, et un écolâtre, *succentorem et magistrum*. Il leur fit don de 40 sous de rente, auxquels les chanoines ajoutèrent 20 sous. Cette rente devait être divisée en parts égales entre les deux dignitaires.

On vit dès lors s'organiser définitivement l'école qui prit le nom d'école de N.-D. et de Saint-Rieul. Pour en augmenter les ressources, l'évêque et le Chapitre, d'un commun accord, décidèrent qu'on prélèverait 10 sous tous les ans à la Saint-Remy sur la prébende de chacun des chanoines non promus au sous-diaconat. Le maître de chant et l'écolâtre devaient prendre chacun la moitié de cette retenue. La rétribution payée par les élèves, fréquentant le chœur de N.-D. ou de Saint-Rieul, se devait partager entre eux de la même manière. Il fut convenu toutefois que les élèves n'apprenant que le chant payeraient leur rétribution entière au maître de chant, et que l'écolâtre recevrait

(1) *Bulletin du Comité des travaux histor.*, 1882, p. 162.

toute la rétribution de ceux qui n'apprendraient qu'à lire. Pour que les droits du maître de chant et de l'écolâtre fussent mieux respectés, on inséra cet article dans le règlement des écoles : Il est défendu d'enseigner aux clercs de la ville la lecture ou le chant sans en avoir obtenu la permission soit de l'écolâtre, soit du maître de chant (1). Cette prohibition que nous avons déjà vue dans les règlementes de l'écolâtre de Noyon, n'était pas inutile. Un mauvais maître peut causer de grand désordres dans l'enseignement comme dans l'éducation.

En 1299 les écoles de Senlis manquaient de recteur. Le clerc Oudard de Montmélian se présenta pour occuper cette charge, mais il n'était que licencié-ès-arts. Guy de Plailly, évêque de Senlis, réunit les membres de son Chapitre. Le candidat fut examiné. Ses qualités brillèrent sans doute, car il obtint le mardi 15 septembre une dispense pour régir les écoles en attendant qu'il eût le titre de maître-ès-arts (2).

Pierre Barrière, deuxième successeur de Guy de Plailly, accorda de semblables dispenses, le 13 novembre 1334, à Yves Anyot (3). Le Chapitre n'avait pas été consulté. Les chanoines protestèrent. La direction complète des écoles de Senlis appartenait bien à l'évêque sans contestation ; mais le Chapitre ne devait de stalle au chœur qu'à un maître-ès-arts. L'évêque lui donna satisfaction par une charte, où il reconnaissait le bien fondé de la plainte et accordait que ce fait ne fût d'aucune conséquence pour l'avenir.

Vaast de Villers (4) plaçait, le 12 août 1335, Pierre de Brasseuse, clerc de Senlis, à la tête des grandes écoles de la ville, attendu sa suffisante science, bien qu'il ne fût pas encore licencié-ès-arts, et il priait le Chapitre de permettre au nouveau titulaire de prendre au chœur la stalle accoutumée. Ses lettres sont datées du palais épiscopal de

(1) *Gallia Christ*, t. X, Instr. eccl. Silvan., col. 213.

(2) *Gall. Christ.*, t. X, col. 480.

(3) *Gall. Christ.*, t. X, col. 486.

(4) *Gall. Christ.*, t. X, col. 489.

Mont-l'Evêque. De tous ces textes il résulte qu'il fallait être docteur pour obtenir la direction des écoles, même ailleurs qu'à Paris. C'est une nouvelle preuve de la vigilance sérieuse que l'église apportait au bon état des études.

Pierre de Treigny, et son Chapitre, nous montrent en une charte du 21 février 1352 (1353 n. s.) leur sollicitude pour le gouvernement des écoles.

Suivant une vieille coutume qui fait loi, y est-il dit, la nomination et la destitution du maître des grandes écoles de la ville appartiennent à l'évêque. Le sous-chantre exerce les mêmes droits sur toutes les petites écoles. Chaque maître lui doit pour cela tous les ans 10 sous parisis à Noël et deux coqs au Mardi-Gras. Néanmoins, des bourgeois de Senlis et des personnes compétentes nous ont priés, nous et le sous-chantre, de réunir sous une même direction les grandes et les petites écoles, afin que les enfants qui les fréquentent soient mieux formés sous le rapport de la science et des mœurs. Après mûre réflexion, nous avons conclu avec le sous-chantre l'arrangement suivant : Désormais la nomination et la destitution des maîtres appartiendront à l'évêque dans toutes les écoles de garçons, tandis qu'au sous-chantre seront réservées la nomination et la destitution dans toutes les écoles fréquentées par les filles. Le sous-chantre pourra augmenter ou diminuer le nombre de ces écoles, selon qu'il le jugera convenable. Tous les émoluments, depuis longtemps fixés par l'usage à cet égard, lui reviendront de droit. Pour faciliter la direction des grandes écoles et la rendre plus parfaite, on n'en nommera le maître que pour trois ans seulement, et on choisira un homme présentant toutes les garanties nécessaires comme science et comme mœurs. Le maître des grandes écoles sera tenu à la résidence. Il aura avec lui un sous-maître et un portier d'une capacité suffisante pour l'aider dans son enseignement. Une stalle lui sera réservée au chœur. Il prendra part aux distributions qui se font aux autres clercs. Il se rendra souvent à l'église pour apprendre les leçons qu'on y doit lire, tant aux enfants de chœur qu'à tous les autres clercs, de quelque ordre ou rang qu'ils soient. Tous ces clercs et les familiers des chanoines pourront aller à ses écoles et y recevoir l'instruction, sans qu'il puisse leur réclamer aucun salaire, ni même en recevoir. Et, pour que ces nouvelles dispositions ne nuisent en rien au sous-chantre, le maître des grandes écoles sera tenu de lui payer chaque année 40 sous parisis en quatre termes, savoir à la fête de Saint-Jean-Baptiste, à la fête de Saint-Remy, à Noël et à Pâques, et deux coqs au Mardi-Gras, *infra carnicapium*. En prenant possession de sa stalle au chœur, il prêtera serment au sous-chantre sur les saints évangiles de régir avec fidélité les écoles confiées à ses soins et de s'acquitter envers lui des redevances convenues (1).

(1) *Gall. Christ.*, t. X, col. 494.

Cette charte nous fait constater l'existence à Senlis de grandes et de petites écoles, d'écoles de garçons et de filles, d'écoles gratuites pour les enfants de chœur et les clercs, dès la première moitié du XIVe siècle. Elle nous y montre l'enseignement primaire et secondaire parfaitement organisé. Placées sous la juridiction immédiate de l'évêque, ces écoles offraient toute garantie aux familles. Les maîtres encouraient des peines s'ils se montraient infidèles à leurs obligations.

Toutes les institutions humaines sont sujettes à des vicissitudes. Un demi-siècle ne s'était pas écoulé que ces écoles se trouvaient dans la gêne. Les revenus avaient diminué. Le doyen du Chapitre, d'accord avec les chanoines, pria l'évêque de vouloir bien lui assigner une prébende avec ses revenus pour l'entretien du maître et des enfants de chœur. Jean Dodieu s'empressa d'accéder à leur demande. Par une charte du 12 octobre 1398, Il désigna pour cet emploi une prébende dont la collation lui appartenait de plein droit. Cette prébende, vacante par suite de la mort de Mathieu Allerme, fut réunie à perpétuité aux bénéfices du Chapitre, à la condition que les fruits et revenus serviraient à l'instruction des clercs (1).

CRÉPY-EN-VALOIS. — En 1182, Philippe, comte de Flandre et de Vermandois, et Elisabeth sa femme, fondaient, pour le bien de leurs âmes et pour le salut de leurs prédécesseurs, une église ou collégiale en l'honneur du saint martyr Thomas de Cantorbery, auprès des murs de Crépy-en-Valois. Ils y établirent dix chanoines pour y servir Dieu, cinq prêtres, trois diacres et deux sous-diacres, auxquels ils assignèrent à perpétuité la dotation suivante, savoir à chaque prêtre vingt livres, à chaque diacre 15 livres, et à chaque sous-diacre 10 livres, à percevoir annuellement à la Saint-Remy sur les censives de Crépy et sur les autres revenus du domaine. En même temps, ils donnèrent aux chanoines la permission d'enseigner les belles lettres et d'ouvrir des

(1) *Gall. Christ.*, t. X, col. 497.

écoles, damus eisdem canonicis libertatem legendi et scholas regendi (1).

Telle est l'origine de l'écolâtrerie de Crépy. Le Chapitre usa aussitôt de son droit et ouvrit une école. Le serment suivant, exigé du maître d'école, à son entrée en fonction, va nous apprendre les obligations qu'on lui imposait :

Le maître des nouvelles écoles doit, au jour de son installation, prêter serment au Chapitre de maintenir les droits de son école de tout son pouvoir, de rendre obéissance au doyen et au Chapitre dans les choses licites et honnêtes, de faire un fidèle emploi des 40 sous parisis, qu'il reçoit tous les ans du prévôt de Crépy, pour donner un repas à ses écoliers, le jour de la Saint-Nicolas d'hiver. S'il lui reste quelques deniers à la suite de ce repas, il les distribuera à ses écoliers pauvres, comme bon lui semblera. Il s'engagera également à payer chaque année 40 sous parisis pour la maison d'école, au terme fixé pour les autres maisons, situées dans notre enclos ; et à distribuer à ses écoliers pauvres, en la première semaine de carème, la valeur d'un muid de blé, qu'il reçoit de la commune, et 40 sols nérets, que lui paye le prévôt de Crépy. Il invitera à cette distribution le doyen et, à son défaut, le prévost de l'église. On doit lui rappeler que, d'après l'usage, tout chanoine peut envoyer à l'école un neveu, un cousin, ou tout autre enfant demeurant chez lui, sans payer au maître aucune rétribution (2).

Le prévôt de Crépy ne manquait pas de payer chaque année la somme promise pour le repas des écoliers. La quittance donnée par Nicole Gargant, le 6 décembre 1448, en est la preuve. La voici :

Je Nichole Gargant, prestre, curé de Saint-Denis de Crespy et recteur des escoles dudit lieu, congnois et confesse avoir eu et receu de Mahieu de Villemeneux, recepveur du bailliage de Vallois, la somme de trente six sols parisis, que j'ay droit de prendre chascun an sur la recepte de mon seigneur le duc d'Or-

(1) Philippus Flandrie et Viromandie comes et Elisabeth uxor mea... Pro animabus nostris et antecessorum nostrorum, quamdam ecclesiam in honore beati Thome, martyris Cantuariensis, prope muros Crespeii, tundari fecimus, in qua decem canonicos ibidem Deo servituros, quinque presbyteros, tres diaconos, duos subdiaconos instituimus, assignantes et in elemosinam concedentes in perpetuum singulis presbyteris viginti libras, singulis diaconibus quindecim libras, singulis subdiaconibus duodecim libras recipiendas annuatim in festo sancti Remigii ex censu nostro Crespeii, aliisque reditibus nostris et traverue... Damus eisdem canonicis libertatem legendi et scholas regendi... Actum anno Verbi incarnati M°C°L°XXX°I°. (COLLIETTE, *Mém. du Vermandois*, t. II, p. 417].

(2) V. DE BEAUVILLÉ, *Docum. inédits sur la Picardie*, t. I, p. 126,

léans, oudit bailliage, le jour de feste Saint-Nicholas d'iver, pour le pastz des escoliers estans en la dicte ville, etc. (1).

Crépy avait donc un écolâtre depuis le XIIe siècle. A son école les enfants pauvres recevaient des secours en blé ou en argent, ce qui valait mieux que la gratuité, et le repas de Saint-Nicolas devait particulièrement encourager les élèves à l'exactitude. N'oublions pas que les 40 sols parisis du XIIe siècle pouvaient bien valoir 200 francs de notre monnaie.

II. LES PAUVRES CLERCS, CAPETTES, BONS-ENFANTS. — Quand les terreurs de l'an mil furent dissipées, on fonda dans la plupart des villes des maisons pour les étudiants sans fortune. Ces maisons furent appelées hôpitaux des pauvres Clercs, Capettes, Bons-Enfants. C'étaient, en effet, des hospices, des hôtelleries où la charité, de concert avec la science, pourvoyait à l'entretien des écoliers indigents, leur procurant le gîte, la table et des ressources de tout genre. Nos pères comprenaient ainsi la gratuité. Chaque jour les étudiants se rendaient aux grandes écoles. Quand les leçons étaient terminées, ils rentraient au domicile que leur avaient ménagé les âmes généreuses. Cet asile leur était ouvert pendant leurs études, comme pendant leurs voyages. Le nom de clercs, donné aux écoliers, indique que la plupart d'entre eux faisaient partie du clergé, depuis l'enfant de chœur jusqu'à l'aspirant au sacerdoce. Il nous rappelle aussi qu'alors clergé et science étaient des termes synonymes. On désignait encore ces étudiants sous le nom de Capets ou Capettes à cause de la petite cape ou manteau à capuchon, qu'ils portaient. On les appelait également les Bons-Enfants, par allusion sans doute à leur bonne conduite et à leur tenue édifiante.

SAINT-THOMAS DES PAUVRES CLERCS DE BEAUVAIS. — Il existait à Beauvais, dès le XIIe siècle, un hôpital appelé d'abord *Hôtel-de-Cuigy*, puis *St-Thomas-des pauvres-Clercs*. En 1189, Philippe de Dreux, évê-

(1) V. DE BEAUVILLÉ, *Docum. inédits*, t. I, p. 127.

que de Beauvais, prit sous sa protection cet hôpital, alors situé près l'église de St-Nicolas. Il défendit sous peine d'excommunication d'en ravir, dérober ou amoindrir les biens. Nous voulons, dit-il dans ses lettres, que cette maison puisse à jamais contribuer à la gloire de Dieu et à l'entretien des pauvres clercs (1).

En juin 1210, un prêtre nommé Gauthier lui donnait une rente de 10 sous beauvaisins à prendre sur une maison, sise près de la rivière de Merdenchon. Cette maison avait appartenu à feu Raoul, curé de St-Martin de Beauvais. L'hôpital de St-Thomas est désigné, dans l'acte de donation, sous le nom de maison des pauvres clercs écoliers, *domus pauperum clericorum scolarium*. En avril 1211, le clerc Nicolas d'Omeus donnait à la maison religieuse des pauvres clercs de St-Thomas, martyr, de Beauvais, *religiose domui pauperum clericorum Sancti Thome martyris de Belvaco*, une rente de 9 mines de blé et 9 mines d'avoine. Les religieux de Valsery, *conventus Vallis Serene*, devaient payer en son nom cette rente sur la dime du Meux, *in decima de Omeus*, dont il leur avait laissé la perception.

Au mois de juin de la même année 1211, Beaudouin, curé de Houssoy, *Balduinus presbiter de Husseio*, donnait aux pauvres clercs 5 sous de cens à prendre à Milly.

Le 2 novembre 1217, Philippe de Dreux, qui s'était constitué leur protecteur en 1189, leur légua par testament le tiers de ses coutures de Beauvais et des Marais, *culturarum de Belvaco et de Mares tertiam partem*, 20 sous de rente à prendre sur les cens de Beauvais, 4 arpents des meilleures vignes de Beauvais et l'un de ses quatre chars, attelé de deux chevaux. Les dons ne cessèrent d'affluer à l'hôpital.

---

(1) Domum hospitalem pauperum clericorum, que juxta ecclesiam beati Nicholai sita est, cum omnibus que ad eam spectant, vel deinceps jure canonico adipisci poterit, tam sub nostra quam successorum nostrorum protectione suscepimus, sub anathemate prohibentes ne quis ea defraudare vel surripere, vel diminuere presumat ; volumus etiam ut predicta domus ad honorem Dei et pauperum clericorum sustentationem inconcussa permaneat. (V. DE BEAUVILLÉ, *Documents inédits concernant la Picardie*, t. II, p. 14.)

On en peut déjà voir une ample énumération dans une bulle du pape Honorius III, confirmant, en l'année 1218, les possessions de l'établissement. De nombreuses chartes, conservées aux *Archives de l'Oise*, permettent d'apprécier les biens considérables que reçurent les pauvres clercs au XIII° siècle. En décembre 1223, Ives de Pierrefitte et Odeline, sa femme, leur abandonnent la moitié du manoir de Pierrefitte, qu'ils tenaient de Guillaume de Berthelmecourt. — En mars 1227 (1228 n. s.), Gilon de Hodenc, chevalier, d'acord avec Pétronille, sa femme, Guillaume, son fils aîné, et ses autres enfants, leur donne une acre d'aunaie, mesure de Normandie, à Ferrières près Gournay, entre Marcheru et Fontaine-Cachieuse. — En février 1228 (1229 n. s.), Dreux, maire de Pierrefitte, leur donne deux mines de terre, sises au Plouy-Louvet, hameau de Herchies, au lieu-dit la Pierre-d'Autivillers. — En janvier 1236 (1237 n. s.), Philippe, curé de St-André de Beauvais, *Philippus, presbiter parrochialis Sancti Andree Belvacensis,* leur donne 46 sous de cens annuel, avec 30 livres parisis à convertir en rente, pour fonder une chapellenie en l'église de St-Thomas, *ad quamdam capellaniam constituendam in ecclesia beati Thome pauperum clericorum Belvacensium.* — Au mois d'août 1239, Jean de Savignies, chevalier, abandonne au maître et aux frères de l'hôpital des pauvres clercs la dîme d'un muid de blé « à la Trembloye, » en réparation de la violence exercée par lui contre un frère convers, etc., etc. ;

En 1383, Miles ou Milon de Dormans, évêque de Beauvais, annexa l'hôpital de St-Thomas à l'abbaye de St-Symphorien qui en prit aussitôt l'administration. Tout alla bien jusqu'à l'invasion anglaise. Durant les guerres, les pauvres clercs-écoliers furent dépouillés de la majeure partie de leurs revenus. La maison ne put continuer à exercer l'hospitalité. A peine, en 1480 suffisait-elle à l'entretien de ses recteurs, dont le dernier, Guillaume du Grosmesnil ou de Grumesnil, archidiacre et chanoine de Beauvais, venait de donner sa démission. Julien, évêque de Sabine, cardinal du titre de

St-Pierre-ès-Liens, grand pénitencier et légat du
Pape en France, donna pouvoir aux abbés de
St-Lucien et de St-Quentin-lès-Beauvais et à l'official
de Beauvais de réunir l'hôpital, après information,
à la maîtrise des enfants de chœur de la cathédrale.
L'enquête faite par les commissaires démontra
l'urgence de la mesure. L'union fut donc prononcée
par Jean de Villers-St-Paul, abbé de St-Lucien (1).

Une restauration de l'hôpital des pauvres clercs
fut tentée dix-huit ans plus tard.

Le Chapitre de Beauvais comptait alors parmi ses
membres un docteur en l'Université de Paris,
nommé Jean Standonht. Ce chanoine avait ren-
contré bien des difficultés pour faire ses études, à cause de la pauvreté de ses parents. Il dut
quitter les écoles de Malines, son pays natal,
pour aller à Gouda en Hollande, où une communauté, appelée *les Donataires*, instruisait les pauvres
gratuitement. C'est là qu'il apprit la grammaire.
Il vint ensuite à Paris, reçut l'hospitalité en l'abbaye
de Ste-Geneviève, suivit les cours de l'Université,
obtint le bonnet de docteur et une chaire de régent
au collège de Ste-Barbe. L'étroite amitié, qu'il lia avec
le principal du collège de Montaigu, lui valut d'être
son successeur. Standonht n'oublia jamais qu'il
devait son éducation et son élévation à la charité.
Il eut toujours une affection particulière pour les
étudiants sans fortune. Grâce aux libéralités de l'a-
miral de Grâville, dont il fut le confesseur, il rebâtit
le collège de Montaigu. Les vastes proportions du
nouvel établissement lui permirent d'y installer en
1491 une communauté de pauvres écoliers, auxquels
il fournissait toutes les choses nécessaires à la vie,
excepté le pain que leur donnaient les pères Char-
treux sur sa demande. Malines, Cambray, Louvain,
Valenciennes fondèrent de semblables communautés

(1) Les diverses chartes que nous venons d'analyser se trouvent en
original aux *Archives de l'Oise*, G 782, 783, 784, 837. Le testament de
Philippe de Dreux est dans l'*Hist. et Antiq. du pais de Beauvaisis* de
F. Louvet, t. II, p. 351 à 355.

à sa sollicitation. Les écoliers qui en faisaient partie furent en France appelés Capettes et en l'Université de Louvain Standoniciens. L'abandon de l'hôpital de St-Thomas à Beauvais ne pouvait manquer d'attrister le principal de Montaigu. Il résolut de le réorganiser. C'est avec cette intention qu'il se présenta au Chapitre de Beauvais le 2 novembre 1498. Il y exposa son dessein de réunir les jeunes gens sans fortune, mais montrant des dispositions pour l'étude, afin de les instruire sur la religion et la grammaire et les appliquer à l'étude des sciences. Il offrit d'affecter à cette œuvr. les revenus de sa prébende et pria le Chapitre de mettre à sa disposition quelques appartements dans la maison de St-Thomas des pauvres clercs, pour y loger ses élèves. Les chanoines accueillirent favorablement ces ouvertures (1). Le projet toutefois ne fut pleinement réalisé qu'à la suite d'une donation de vastes immeubles, faite à la ville en 1545, par un autre chanoine, Nicolas Pastour.

LES CAPETTES DE NOYON. — La ville de Noyon eut, dès le commencement du XIII° siècle, son hôpital des Capettes. Cette maison fut établie en faveur de pauvres écoliers, qui furent longtemps au nombre de huit, sept à la nomination du Chapitre et un à la nomination du marquis de Nesle. On la désigna le plus souvent sous le nom d'hôpital de St-Jacques, parcequ'elle avait pris ce saint pour patron.

En 1217, Simon de St-Quentin, chanoine de N.D. de Noyon, donnait pour le salut de son âme deux sous parisis de cens, payables à la St-Remy, aux pauvres clercs de l'école de Noyon, *pauperibus Clericis scole Noviomensis.*

En octobre 1221, Herbert de Magny, *de Meigniaco*, vendit à l'hôpital St-Jacques en la rue St-Maurice deux muids de terre au terroir de Magny (Guiscard), lieudit le Champs-des-Loges. Eléonore, châtelaine de Coucy, dame de Magny, ratifia la vente et dispensa les écoliers du service féodal, moyennant un

(1) DELETTRE, *Hist. du diocèse de Beauvais*, t. III, p. 197. — MORÉRI, *Dictionn. histor.* art. *Standonht.*

cens de 6 deniers parisis.

Au mois de janvier 1222 (1223 n. s.) Gauthier de Nesle, *Walterus de Nigella*, leur vendait à son tour deux setiers de terre au même terroir.

En juillet 1258 « mesires Pierres Thayeus (*Petrus dictus Thayous*), chapelains de Cousdun a donné au povre hospitau de Saint Jake de Noïon, lequel on dist en le rue Saint Morice, pour le remède de s'ame et de ses ancesseurs, à tenir et à avoir perdurablement, une vigne lequèle fu Flourie Margelée. » Cette vigne, sise au terroir de Cambronne, était dans la mouvance de Simon de Cambronne, écuyer, qui en ratifia la donation en septembre 1259.

En septembre 1279, Simon, chapelain de Chiry, donnait à l'hôpital de St-Jacques un surcens d'un setier de blé à percevoir annuellement à la St-Remy sur un setier de terre, sis au terroir de Dive.

Par son testament, ouvert le jeudi 4 février 1294 (1295 n. s.), Robert Favre ou le Fèvre, *Robertus, dictus Faber*, chanoine et écolâtre de Noyon, légua aux pauvres clercs de l'hôpital de St-Jacques sa maison de Moricamp ; ses maisons de la rue d'Oroir ; une maison devant l'église de St-Pierre de Noyon ; trois faux de pré derrière le pont de la Fosse ; toutes ses possessions à Caillouel ; une vigne à Breschon ; une masure et une grange derrière l'église St-Hilaire de Noyon ; ses terres à Ham ; ses cens à Appilly ; ses cens et surcens à Noyon ; trois mancauds de terre, au lieudit l'Orme-Cendon ; la moitié d'une maison et jardin à la Rue d'Oroir ; les revenus de 60 verges de pré au Pont de Lorgueil et divers objets mobiliers. Jean, abbé d'Ourscamp, donna le 27 février 1296 (1297 n. s.) des lettres d'amortissement pour la maison de Moricamp qui était en la mouvance de son abbaye. Nous y relevons cet éloge de Robert : « Son désir le plus ardent fut de fonder, instituer ou établir un hôpital pour y recevoir les pauvres clercs, et d'employer à doter cette maison les biens qu'il tenait de Dieu ». Robert le Fèvre est donc à bon droit considéré comme l'un des fondateurs de l'hôpital des Capettes.

En octobre 1327, les Capettes recevaient en don de Colard de la Porte, demeurant à Beaulieu, 42 verges de terre au terroir de Brie (Somme).

« L'an de grâce mil ccc quatre vingt et wit, le dimenche prochain après feste Sainct Michiel euvangéliste (4 octobre 1388), » « Pierre de Molin Severeus, fil de feu Pierre de Molins, escuier, et de me dame Emmeline, fame à présent de mon seigneur Guy des Prés, chevalier, de le parroche d'Ongne emprès Chauni sur Oyse, » faisait le legs suivant en faveur des pauvres clercs de Noyon : « Je lesse aus bons enfans escoliers de l'ospital Sainct Maurice de Noyon un mui de blé, à penre prechevoir et avoir chascun an seur tous mes héritages en quelconque lieu que je les puisse avoir, par tel convent que il seront tenus de dire chascun an une fois tout le sautier, et si seront tenus de faire dire et célébrer pour l'âme de moy en le cappelle dudit hospital chascun an une fois une messe de *Requiem* par prestre suffisant et ydoine tel qu'il leur plèra. »

Par ordonnance du 14 avril 1404, après Pâques, le Chapitre de Noyon réglait les prières et les offices que seraient tenus de faire « le gouverneur de l'hospital St-Jacque et douze escoliers portant capes les plus souffisans et mieulx lisans », pour Gérard d'Athies, archevêque de Besançon et abbé de St-Eloi, leur bienfaiteur. « Révérend Père en Dieu, mon seigneur l'Archevesque de Besençon, après pluseurs biens et grans aumosnes qu'il a fait tant à l'église de Noyon, comme à pluseurs aultres, tant réguliers, comme séculiers, considérans, que en l'ospital Saint Jaque, séant en la rue de Saint Morice à Noion, sont instruis et gouvernéz pluseurs povres enfans, et que chascun jour en issent et sont issu maint vaillans hommes qui prient, ont prié et prieront pour les fondeurs et bienfaicteurs dudit hospital, meu de compacion et dévocion et pour estre acompaigniéz as prières et oraisons desdiz enfans, pour convertir à l'augmentacion et accroissement des rentes dudit hospital a donné et aumosné la somme de cent livres tournois. »

Gérard d'Athies mourut le 22 novembre 1404.

3

Son corps fut inhumé en l'église de St-Eloi de Noyon. « Sont tenus, dit l'obituaire de cette église, les religieux, prieur et convent de l'abbaye Sainct-Eloy de Noyon, de dire et célébrer tous les ans, le jour Sainct Achaire (27 novembre), un obit ou service solennel au chœur de l'église...... et se doit dire le pseautier de David par les pauvres Cappettes du collège de Noyon, en leur donnant à disner (1). »

L'hôpital de St-Jacques avait des biens à Noyon, Applaincourt, Babœuf, Boutavent, Brie (Somme), Caillouel, Cambronne, Campagne, Cressy (Somme), Dive, Dominois, Ercheux, Guiscard, Landrimont, Nesle (Somme), Morlincourt, Ognes, Pont-l'Evèque, Ramecourt, Roiglise (Somme), Roye (Somme), Salency, Tarlefesse, Thiescourt, Varesnes, Verpillières, etc. (2).

Les *registres des délibérations* du Chapitre de Noyon (3) nous permettent de reconstituer l'histoire de la maison des Capettes pendant tout le xvi° siècle.

Le 19 décembre 1498, le chanoine Jean Chimez prend la maison canoniale, sise devant les grandes écoles.

Le 16 septembre 1502, les chanoines sont d'avis, qu'après avoir fait les réparations nécessaires à l'hôpital de maître Robert le Fèvre, on distribue les deniers restants aux pauvres écoliers. Ils chargent le doyen, le chantre, G. de Buinost et Jean Caron de veiller à cette distribution. Quant aux 40 sous parisis, que l'hôpital paye au cellérier pour le courtil ou jardin, ils veulent qu'on les consacre aux réparations.

Le 21 juillet 1505, on expose au Chapitre que naguère encore un enfant de chœur allait dire à haute voix à la porte des grandes écoles : *Cantatum est*, l'office canonial est terminé à l'église. C'était le signal de la sortie des écoles. Les chanoines, con-

---

(1) J. Le Vasseur, *Annales de l'église de Noyon*, t. II, p. 1006.

(2) Les chartes originales des Capettes de Noyon, que nous venons d'analyser, sont aux *Archives de l'Oise*, G. 1621, 1630, 1695, 1701, 1702, 1705, 1707 et 1707 bis. Voir pour les autres titres des Capettes *ibidem*, G. 1631 à 1638 bis et 1695 à 1713.

(3) *Extraits aux Arch. de l'Oise*, G. 1622.

sidérant que la maison des écoliers est fort éloignée des écoles, ordonnent qu'on revienne à l'ancien usage, et qu'un enfant de chœur aille dire le traditionnel *Cantatum est.*

Le 22 août 1506, Jean Cagnard présente les comptes de l'hôpital pour les années 1503 et 1504. Il reste en caisse 46 livres 3 den., non compris 21 l. 3 den. formant le reliquat du compte de 1498. Le Chapitre ordonne que ces deux sommes seront remises à maître Pierre Isabellis, écolâtre, pour être distribuées par lui en aumônes aux pauvres écoliers, après qu'il en aura délibéré avec Jean Caron et Fr. Charmolue. Sur ces sommes, on prélèvera 18 liv. par. qui ont été données en pur don à trois enfants de chœur, envoyés aux écoles, savoir Quenu, Robelin et Gaspard.

Le 12 novembre 1506, Etienne Burer, chapelain de St-Nicaise, et Jean Rabeu, chanoine, sont priés de payer leur quote-part des réparations faites aux grandes écoles par l'écolâtre. Burer devait 12 s. t. et Rabeu 6 s. t.

Le 16 décembre 1506, on approuve les comptes de l'année 1505, présentés par Adam de Marle, administrateur de la maison des Capettes. L'écolâtre, le doyen et Jean Caron, sous-chantre, sont chargés d'examiner quelle somme on pourrait bien demander pour l'entretien de la maison et le service des chambres, soit à chaque écolier, soit au maître des écoles. L'hôpital devait se trouver dans la gêne.

Le 23 juillet 1507, les chanoines, considérant que l'hôpital a été fondé pour loger et nourrir de pauvres Capettes, *pro pauperibus Capatis,* et non pour enrichir les administrateurs, et que malgré cela les édifices entretenus avec les revenus des Capettes servent à loger des pensionnaires, *portionistas et cameristas,* dont les administrateurs gardent pour eux les pensions, prescrit que l'administrateur ou principal maître payera, chaque année, pour chaque pensionnaire, 12 sous tourn. au receveur ou procureur de la maison, à partir du mois d'août suivant. Si quelqu'un des écoliers pensionnaires quitte la maison avant la fin de l'année, l'administrateur payera au prorata du temps passé dans la maison.

Le procureur exigera des pensionnaires les linges et les nappes, que les Capettes ont l'habitude de fournir à leur première entrée, et il en tiendra compte. Quand aux pois, il les laissera au maître pour le potage commun. Le maître ne pourra demander à ses écoliers, pour l'écolage d'un an, au delà de 64 sous tournois.

Le 20 décembre 1508, on approuve les comptes de 1508. On décide que le receveur devra percevoir 12 sous pour chaque écolier. La liste en sera dressée par le receveur, le sous-chantre, Robert Goulet, Fr. Charmolue et Jean de Brolly. On nomme pour visiteurs le sous-chantre, Jean Caron et Goulet.

Le 9 mars 1508 (1509 n. s.), les chanoines approuvent l'accord fait avec le maître des grandes écoles.

A raison de 12 sous dus pour chaque écolier en vertu de la décision capitulaire du 23 juillet 1507, le maître payera, pour le temps écoulé depuis lors jusqu'au 1er avril 1509, cent livres tournois dont le procureur tiendra compte. A l'avenir un procureur spécial, désigné par le Chapitre, dressera, le 1er avril et les jours suivants, une liste de tous les pensionnaires, pour chacun desquels il recevra 12 s. t. par an, 6 sous au commencement de l'année et 6 s. au milieu. Les sommes ainsi perçues serviront aux réparations de l'hôpital.

Le 27 septembre 1510, P. Isabellis et A. des Marestz sont chargés de prier Jean Rabeu de réparer ou d'abattre une certaine partie de sa maison canoniale, qui gênait la réparation des grandes écoles. Rabeu se soumit à la décision des visiteurs.

Le 4 octobre 1510, le maître des grandes écoles paye 80 livres tourn. pour les pensionnaires.

Le Jeudi-Saint 1515 (1516 n. s.), le Chapitre accepte maître Jean de Lyeurmont pour recteur des écoles et des écoliers et lui donne la charge d'enseigner dans les écoles.

Le 24 avril 1545, le Chapitre examine s'il est vraiment avantageux pour les élèves du collège des Capettes d'être conduits chaque jour à travers la ville à d'autres écoles, où il n'y a jamais eu de classes distinctes et séparées. D'après la loi impériale,

l. II, titre *De studiis liberalibus urbis Romæ,* le premier règlement établi par les commissaires doit sortir son effet. Les maîtres ou régents du collège y donneront leurs leçons dans des classes séparées, sans faire de promenade à travers la ville, se conformant à la loi, qui prescrit pour chaque maître un local spécial, afin que les élèves ne puissent se disputer, ni les maîtres non plus, et que le bruit et la confusion, résultant des différentes langues et des explications diverses, ne viennent pas détourner les élèves de l'étude des lettres. Le Chapitre décide qu'on augmentera le nombre des Capettes, sauf à pourvoir plus tard à leur subsistance, selon les ressources du collège. Il ordonne de réparer et mettre en bon état la maison achetée récemment près du collège, pour y loger les étrangers et éviter ainsi la peste et les autres maladies. Il confie à l'écolâtre l'examen des mesures à prendre pour ramener le bon ordre et établir une sérieuse discipline dans le collège. Des plaintes avaient été adressées au Chapitre, le 10 octobre 1544, au sujet de la rivalité régnante entre le principal du collège et le régent maître François Tanton. Jean Poupart, écolâtre, fut nommé avec d'autres commissaires pour vider le différend. Sur leur avis, Tanton fut maintenu dans sa régence, mais on lui intima l'ordre de respecter en tout les droits du principal, de cesser d'attirer les écoliers et les jeunes gens étudiant ailleurs, au détriment de l'autorité du principal. De plus, on notifia au principal, au régent et aux jeunes gens, la décision de de l'écolâtre Poupart et des commissaires, auxquels fut laissé le soin de préparer d'autres règlements, s'ils le jugeaient utile.

Le 17 juin 1549, sur l'avis des commissaires, on autorise le chanoine A. Le Mannier, receveur des Capettes, à leur procurer des lits aussi bons et aussi commodes que ceux des pauvres écoliers au collège de Montaigu.

Le 5 août 1549, Le Mannier reçoit l'ordre d'envoyer au principal du collège des Capettes un muid de blé et cent sous, pour remédier à la disette.

Le 20 janvier 1552 (1553 n. s.), le receveur P.

Blattier est prié d'assigner, avec l'assentiment de
l'écolâtre une salle dans le collège à maître Cor-
neille de la Forge, pour y instruire ses écoliers, jusqu'à ce que qu'on y pourvoie par une autre organisation.

Le 19 mars 1560 (1561 n. s.), maître Antoine Bellement, écolâtre, présente au Chapitre, pour enseigner au collège des Capettes, Jean Quaquerel, prêtre
du diocèse de Noyon, maître ès arts. Les chanoines
charmés de l'élégance de son discours, après s'être
rendu compte de sa capacité, de sa science et de
l'honnêteté de ses mœurs, lui confient la charge de
principal ; mais voyant qu'au début de son administration ses émoluments se trouvaient insuffisants,
à cause du petit nombre des élèves, ils décident que
chaque jour à 6 heures du matin serait célébrée par
lui une messe, à laquelle assisteraient tous les écoliers, et que pour chaque messe il recevrait 3 sous.
Pendant cette délibération C. Pépin, receveur du
collège, fait observer que tout manque pour la célé-
bration de cette messe, aussi bien l'autel, que les
nappes, les linges, etc. Plein pouvoir lui est aussitôt
donné pour faire les acquisitions nécessaires.

Le 5 septembre 1560, maître Jean Quaquerel,
principal du collège, expose au Chapitre le danger
que couraient les jeunes gens de la province en
fréquentant des écoles privées, dont les maîtres
pouvaient leur inculquer de faux principes. Il demande qu'il soit défendu aux régents particuliers
d'enseigner dans des salles privées et que tous les
élèves soient obligés de se rendre au collège public.
Les chanoines renvoient à l'écolâtre l'examen de
cette affaire, comme rentrant dans ses attributions.

Le 10 avril 1564, le Chapitre délègue des commissaires, pour aller assister en la chambre de ville à
une délibération touchant le précepteur des enfants
de la ville et la prébende dont on lui devait les
fruits. Les commissaires s'assemblèrent à l'évêché
pour désigner le précepteur suivant l'édit du roi.
Les chanoines les chargèrent de nommer Jean Quaquerel, sans préjudice de leurs droits ni de ceux de
l'écolâtre à ce sujet.

Le 5 mai 1564, le Chapitre ordonne au cellérier de payer 6 livres pour la pension d'un enfant de chœur, qui étudiait aux Capettes.

Le 19 mars 1565, maître Jean Quaquerel se plaint que les écoliers ne payent plus rien, depuis qu'il jouit de la prébende préceptorale.

Le 5 janvier 1572, l'archidiaire P. Boitel et le chancelier Jean Feuillette sont délégués pour aller avertir le principal des Capettes d'avoir à donner tous ses soins à l'instruction des jeunes écoliers, à l'exemple de ses prédécesseurs.

Le 11 décembre 1573, Jean Quaquerel demande qu'on lui donne l'habit des chanoines.

Le 19 juillet 1574, L. Jacquart offre de prendre à bail la masure canoniale de N. Vallart et la masure des vieilles écoles qui l'avoisine, moyennant 60 s. parisis. On les lui adjuge le 23, à ce prix, sur lequel le receveur des Capettes doit avoir 10 sous par. pour la masure des écoles.

Le 21 mars 1576, A. Foucart, chapelain, prend à bail l'hôpital de Robert le Fèvre, moyennant 6 l. 8 s. par an.

Le 22 mars 1577, le trésorier, l'écolâtre et Jean Bellement, receveur des Capettes, sont chargés d'avertir le maître des écoles de se pourvoir de deux professeurs pour faire les classes.

Le 19 janvier 1579, on les prie d'examiner si Jean du Fresnoy, précédemment enfant de chœur, est apte à faire des études. On les délègue en même temps pour visiter le collège et s'assurer que le principal et les professeurs donnent tous leurs soins à l'instruction et à l'éducation des écoliers.

Le 26 février 1580, le Chapitre décide qu'on fera comparaître à la prochaine séance Jean Quaquerel, pour lui donner des avis sur la discipline du collège et sur l'enseignement. Jean Quaquerel étant devenu curé de St-Éloy, donna sa démission de principal au Chapitre, le 9 mars 1582.

Le 4 mars 1585, le principal Renault Belin demande la permission de faire jouer une comédie. Diverses raisons font ajourner la représentation de la pièce à l'année suivante.

L'ancien hôpital de Robert le Fèvre fut tellement ruiné pendant le siège de 1591, que le chapelain A. Foucart demanda au Chapitre la résiliation de son bail le 29 janvier 1592. Cette maison ne servait plus aux écoliers, probablement depuis 1545. En cette année, comme nous l'ont appris les registres du Chapitre, la communauté des Capettes fut transformée en collège. Les élèves cessèrent de sortir pour aller aux écoles. Ils eurent un principal et des régents, *primarium et regentes*. Les classes se firent dans leur maison. Cette nouvelle organisation nécessita un nouvel établissement. Il fallut abandonner l'hôpital de Robert le Fèvre.

SAINT-QUENTIN. — Saint-Quentin en Vermandois possédait aussi, dès le xiii° siècle, une maison des Capettes ou Bons-Enfants (1). Gossuin le Grènetier et Jeanne, sa femme, dite la Grènetière, lui léguèrent en mourant la somme nécessaire à la création de 12 bourses. Au mois de février 1303 (1304 n. s.) leurs exécuteurs testamentaires Milon de Durbie et Guillaume, dit Malakins, chanoines de Saint-Quentin, Guy de Laon, chanoine de Laon, et maître Jean, dit Plantaveine, chanoine de Noyon, afin d'assurer cette fondation, achetèrent pour la maison des Bons-Enfans, *domo bonorum puerorum apud sanctum Quintinum*, à Bertrand du Hamel, chevalier, seigneur de Clari, *Bertrando de Hamelio, milite domino de Clari*, 60 journaux 40 verges et demie de terre labourable, sis au terroir de Flaucourt (canton de Péronne, Somme). Michel de la Marre, chanoine de Saint-Quentin, mort en 1338, fit un legs en faveur de cet établissement. Les guerres de 1557 causèrent de grands dommages aux biens des Capets. Les bourses furent supprimées. Le peu qui restait des revenus fut depuis lors distribué chaque année par le Chapitre à quelques pauvres étudiants (2).

COMPIÈGNE. — A Compiègne, l'hôpital ou prieuré de Saint-Nicolas-le-Petit, consacrait « une por-

---

(1) COLLIETTE, *Mém. pour l'Hist. du Vermandois*, t. III, p. 251.
(2) COLLIETTE, t. II, p. 774, t. III, p. 251, 281 et 282.

tion de son revenu à la nourriture, hébergement des pauvres passans, entretènement et nourriture de six petits enfans appeléz Capets, et un maistre pour les instruire. » Cet hôpital n'était, à proprement parler, qu'une maîtrise pour les enfants de chœur de l'abbaye de Saint-Corneille, de qui la maison dépendait. Il fut, dit-on, fondé par le roi Hugues-Capet, en 992, pour faciliter aux habitants du quartier des Domeliers l'accomplissement de leurs devoirs religieux. Il était situé près de l'auberge de la Croix d'or à l'entrée de la rue du Paon (1).

Les prieurs qui administrèrent Saint-Nicolas-le-Petit étaient en 1525, Nicolas Charpentier, en 1560 Jean de Trousseauville, en 1607 Jean Frazer, en 1657 Oudart-le-Gras, et en 1660 Jérémie Rouget (2).

Les Capets de Compiègne étaient ordinairement désignés sous le nom d'*enfants bleus* à raison de la couleur de leurs habits.

SENLIS. — A Senlis, l'*Ecole des Bons-Enfants*, appelée déjà maison des *Pauvres-Écoliers, pauperes scholares Silvanectenses, scilicet boni pueri*, en 1179, fut dotée par Robert de Murat en 1295 (3).

Le testament de Vaast de Villiers, évêque de Senlis, rédigé le 15 décembre 1335, renferme ces dispositions en faveur des écoliers : « Nous léguons, dit-il, à Gérard, notre neveu, pour l'introduire et l'instruire dans les écoles, *ad eum introducendum et erudiendum in scholis*, quatre livres parisis.

Nous donnons semblablement à religieuse personne Thomas, moine de l'église ou moûtier de Saint-Jean-des-Vignes, notre neveu, 12 livres 4 sous parisis, restant à payer sur vingt livres parisis, que nous lui

(1) Les bâtiments principaux de cet hôpital s'élevaient sur l'emplacement de la maison habitée aujourd'hui par M. Lannois, huissier, rue d'Alger, n° 1. Les dépendances comprenaient la maison de M. Guillerot, photographe, rue de Pierrefonds, n° 9.

(2) ESCUIER, *Hist. de la ville de Compiègne* ms. p. 270, Bibl. du Palais ; — DOM BERTHEAU, *Hist. de Compiègne*, f° 191, Bibl. nat. ms. lat. 13891. — Arrêt du 24 mars 1665, imprimé, Bibl. de Cayrol.

(3) L'abbé MULLER, *Rues, Places et Monuments de Senlis*. Art. *Ecoles et Murat*.

avons promises, pour l'introduire et l'instruire dans les écoles (1) ».

En 1400, Raoul l'Orfèvre, chanoine de Saint-Rieul, fondait à Paris, au collège du cardinal Le Moine, une bourse pour un enfant de la famille l'Orfèvre, ou de la ville, « habile à apprendre à l'école (2). » Évidemment ce bienfaiteur de la jeunesse avait en vue quelque élève de la maison des Bons-Enfants. C'est également à cette école que fait allusion le bailli de Senlis, Gilles de Rouvroy de Saint-Simon, quand il insère dans son testament, le 20 septembre 1477, cette disposition particulière : « Je veuille et ordonne aussy que mes trois fils, c'est assavoir Guillaume, Loys et Anthoine, soient tenus en l'escolles tant et jusqu'à ce que chacun deux sache entendre son latin, et par espécial veuil que le dit Guillaume soit encore à l'escolle quatre ou cinq ans (3). »

III. LES COLLÉGES ET LES SÉMINAIRES. — Les collèges des provinces semblent une création du xvi° siècle. Les plus importants cependant ne firent que continuer et développer l'œuvre des pauvres clercs, des bons enfants ou des Capettes. Tels furent les collèges de Beauvais, Noyon, Senlis et Saint-Quentin. Le concordat de 1515, conclu entre le pape Léon X et François Iᵉʳ, contribua singulièrement à leur prospérité. Plusieurs collèges même lui doivent leur établissement.

Cette convention autorisait le roi de France à conférer certains bénéfices vacants aux professeurs gradués de quelque université. Les maîtres devaient, « moyennant ce, instruire les jeunes enfants de la ville gratuitement et sans salaire. » On appela ces bénéfices prébendes préceptorales. Toutefois on n'en voit guère la collation régulière qu'après le concile de Trente et l'ordonnance d'Orléans (Janv. 1560) qui en fit exécuter les décrets.

Les grands séminaires ont la même origine. Saint

(1) *Gallia Christ.* t. x, col. 491, 492.

(2) MULLER, *Rues, Places, etc. de Senlis*, Art. *Creil.*

(3) MULLER, *Rues, Places, etc. de Senlis*, Art. *Ecoles.*

Charles Borromée et saint Vincent de Paul ont puissamment contribué à leur multiplication pour former à l'église un clergé studieux et entretenir parmi les prêtres l'esprit de leur vocation. Les congrégations spécialement vouées à l'institution des clercs, les prêtres de la mission ou Lazaristes, approuvés par le pape Urbain VIII en 1626, les missionnaires du clergé, fondés par Mgr d'Authier de Sisgau en 1632, les Sulpiciens, fondés par l'abbé Olier en 1642, les Eudistes, fondés à Caen, en 1643, par Eudes de Mézeray, frère de l'historien, etc., leur ont fourni des directeurs et des maîtres.

COLLÈGE DE BEAUVAIS. — Au mois d'août 1545, quatre mois avant l'ouverture du concile de Trente, Nicolas Pastour, prêtre, maître ès arts et docteur en théologie, chancelier et chanoine de Beauvais, fondait un collège en cette même cité de Beauvais, sa ville natale, dans la rue Sainte-Marguerite. Les considérants de cette fondation méritent d'être rapportés. Il la fait « pour la fervente dévotion qu'il a en la saincte foy catholique et augmentation d'icelle, aussi en faveur de la république, tant ecclésiastique que civille, et à ce que cy-après la jeunesse de la ville et lieux circonvoisins soit instruite en bonnes mœurs et litérature. » Les principes de la vertu devaient, d'après lui, avoir le pas sur les belles-lettres.

Nicolas Pastour cédait « à la république tant ecclésiastique que civille de la ville et cité de Beauvais, la domination, fonds et propriété d'un lieu contenant plusieurs corps de maisons, chambre, librairie, salle, classe, oratoire, cour et jardin. » Le cardinal de Châtillon, évêque de Beauvais, en érigeant ce lieu en collège, permit « de régenter et instruire audit collège en bonnes mœurs et litérature, aussi d'édifier une chapelle ou autre lieu convenable pour célébrer matines, messes, vespres et autre divin service comme aux autres collèges. » Parmi les charges imposées par le fondateur se trouve celle-ci : « Les enfans qui viendront des parens dudit donateur seront instruicts au dit collège *gratis* et préférez à régens s'ils

sont ydoines et surfisans, et semblablement les enfans de chœur gaigés en l'église de Nostre-Dame du
Chastel de Beauvais y seront instruicts *gratis*, à la
charge de dire leur sept pseaumes le premier dimanche de chacun mois de l'an, après matines, au
lieu auquel iceluy donateur sera inhumé en ceste
ville de Beauvais (1). »

« Nicolas Pastour, dit l'abbé Delettre (2), se dé-
pouilla de sa maison et la convertit en collège public ;
il y ouvrit des cours gratuits et se dévoua lui-même
à l'instruction des jeunes gens qui ne tardèrent pas
à se presser autour de sa chaire. Le Chapitre, applau-
dissant à un dévouement si généreux, le dispensa
de l'assistance au chœur, par délibération du 22 juillet 1541, et l'encouragea à poursuivre une œuvre si
éminemment utile. Le fondateur du collège employait
les revenus de sa prébende et consacrait ses talents,
sa santé et son existence tout entière, dans l'intérêt
de cet établissement, et il lui fut donné de le voir floris-
sant avant de terminer sa carrière mortelle. Nicolas
Pastour cessa de vivre vers l'an 1548. Ses élèves
pleurèrent sa mort et la postérité a béni sa mémoire.»

Un arrêt du Parlement, rendu le 3 août 1564, prescrivit l'exécution de l'édit d'Orléans en la ville de
Beauvais. Nous en donnons la conclusion : « A nostre
dite coûr ordonné que l'Evesque et comte de Beauvais
et les dénomméz par la dite ordonnance (doyen, chanoines, et Chapitre de l'église cathédrale, et les maires
et pairs de la ville) adviseront ensemble d'un homme
de bonne vie, mœurs, conversation et doctrine, pour
instruire les jeunes enfans de la ville, auquel sera
baillé une prébende préceptorale en la dite église, qui
viendra à vacquer en pleine liberté, ou le revenu
entier d'icelle, et ny seront sujectes ny contraintes les
églises collégiales d'icelle ville, ains seulement la
cathédrale et principalle chargée de la prébende théo-
logale ; et cependant jusques à ce que celuy qui sera
esleu soit pourveu d'une prébende...... a icelle
nostre dite cour ordonné que sur le revenu temporel

(1) P. Louvet, *Hist. et Antiq. du Beauvaisis*, t. I, p. 838.
(2) Delettre, *Hist. du diocèse de Beauvais*, t. III, p. 307.

de l'évesché de Beauvais sera baillé par chacun an audit précepteur la somme de deux cens livres parisis. »

Le 3 juin 1583, le Chapitre de Saint-Pierre s'engagea à payer chaque année à perpétuité « au principal du collège ou du séminaire qui pourra estre fait » la somme de 125 livres tournois, « pour l'entretenement, nourriture et aliment de chœur de ladite église audit collège ou séminaire ». Le capital nécessaire à cette fondation lui avait été donné par Claude Gouyne, son doyen (1).

Le collège de Beauvais fut, dès sa fondation, placé sous la surveillance des Trois-Corps, l'Evêque, le Chapitre et l'Hôtel-de-ville. Les dons qu'il avait reçus ne lui assuraient pas un revenu suffisant. L'édit de 1763, en le soumettant à une administration royale, comme les collèges des grandes villes, soulagea sa détresse.

Deux magistrats, le lieutenant-général au bailliage et le procureur du roi, deux échevins, deux notables bourgeois et un secrétaire vinrent occuper au bureau la place des Trois-Corps. 20,000 livres, obtenues du roi par l'entremise du garde des sceaux, permirent de réparer les vieux bâtiments, d'en construire de nouveaux, de former une bibliothèque, de fonder des bourses, etc. Ce régime dura 10 ans. Par lettres patentes du 6 juin 1773, le roi rétablit l'ancienne administration des Trois-Corps. En 1789, l'évêque s'y faisait représenter par De Blois, son vicaire-général, et d'Hermont, chanoine, le Chapitre par les chanoines Lettrier et Danse, et la ville par De Nully de Lévincourt, échevin, et Morel, ancien échevin. M. Gouchet, notaire, remplissait les fonctions de trésorier et de secrétaire.

Le principal, M. Cottu, avait sous lui un préfet d'étude, un professeur de philosophie et six régents pour les autres classes. La grande pension était de 312 livres (2).

L'évêché actuel de Beauvais s'élève sur l'emplace-

(1) P. LOUVET, *Hist. et Antiq. du Beauvaisis*, t. I, 858, 859.

(2) E. CHARVET, *l'Instruction publique à Beauvais pendant la Révolution; Soc. Acad. de l'Oise*, t. X, p. 360-362.

ment du collège fondé par Nicolas Pastour. Après la Révolution, en 1813, l'abbé Guénard installa dans l'ancien couvent des Ursulines, rue des Jacobins, une école secondaire ecclésiastique, qui, en 1827, fut transformée en collège communal.

COLLÈGE DES JACOBINS. — En 1615, le couvent des Jacobins de Beauvais fut choisi pour les études et le noviciat des religieux dominicains de la province de Picardie. A cet effet, François Triboulet, prieur du monastère, fut investi de pleins pouvoirs, le 4 août 1615, par le R. P. Séraphin, général de l'ordre.

Le roi Louis XIII approuva le projet et, par lettres patentes données à Paris le 9 septembre 1616, accorda l'autorisation « d'instituer et d'établir un collège audit couvent et des lecteurs et professeurs, tant en philosophie, théologie, que cas de conscience (1) ». La Révolution a dépossédé et expulsé les religieux dominicains.

COLLÈGE DE SAINT-GERMER. — Un collège fut organisé dans l'abbaye de Saint-Germer, vers 1686, pour l'éducation gratuite des pauvres gentilshommes. On lui assigna les revenus des prieurés de Laillerie (hameau de Chaumont-en-Vexin), Jambville (canton de Limay, Seine-et-Oise) et Serans (canton de Chaumont); mais la réunion de ces bénéfices à la mense conventuelle ne fut pas faite régulièrement, et la bonne œuvre faillit être abandonnée, faute de ressources. Les religieux exposèrent au roi, en 1758, la situation fâcheuse de leur collège, et le prièrent de réunir à leur mense conventuelle les revenus des prieurés de Breuil-le-Vert, Breuil-le-Sec, Villers-Saint-Sépulcre et Gouy (diocèse d'Amiens). Louis XV leur accorda, le 11 mars 1758, un bref autorisant le cardinal Potier de Gesvres, évêque de Beauvais, à procéder aux formalités nécessaires à cette réunion. Le cardinal, auquel ils ne tardèrent pas à présenter leur requête, délégua, le 3 mai suivant, La Clerc, son vicaire général, licencié en théologie, chanoine et official de Beauvais, pour faire l'information requise. Celui-ci

(1) P. LOUVET, *Hist. du Beauvaisis*, t. I, p. 718.

se rendit aussitôt, les 5, 6 et 7 mai, chez dom Etienne le Picard, prieur de Villers-Saint-Sépulcre, Claude-Pierre Tempête, prieur de Saint-Martin de Breuil-le-Vert, et dom André-Médard Doublet, prieur de Breuil-le-Sec, et entendit leurs observations, qu'il consigna en son procès-verbal. Le 2 janvier 1660, l'évêque de Beauvais approuva la réunion, « à la condition que les charges anciennes et ordinaires des prieurés continueront d'estre acquittées comme elles l'ont été par le passé, et que le surplus sera employé à élever gratuitement dans le collège de la ditte abbaye le nombre de pauvres gentils-hommes, que Sa Majesté s'est réservé de fixer, et de la façon qu'elle trouvera bon ».

L'évêque d'Amiens avait déjà, le 11 juillet 1759, autorisé la réunion du prieuré de Saint-Pierre de Gouy, aux mêmes fins. Quatre bourses furent attribuées au diocèse de Beauvais et deux au diocèse d'Amiens.

Jusqu'en 1766, deux chefs se partageaient l'autorité en l'abbaye de Saint-Germer. Il s'y trouvait un prieur, pour maintenir la règle, et un directeur du collège, pour présider à l'éducation des jeunes pensionnaires. Le chapitre bénédictin, tenu, en 1766, en l'abbaye de Saint-Germain-des-Prés, décida que les deux charges seraient désormais remplies par une seule personne. Dom Cardon, professeur de rhétorique au collège de Saint-Germer depuis seize ans, assistait à cette délibération. Ce fut lui qui le premier réunit les deux autorités. Il les exerça pendant trois ans. Le cardinal Potier de Gesvres fit l'éloge de son gouvernement. Sous dom Cardon, la paix, le bon ordre et la régularité régnèrent constamment dans le monastère, comme dans le collège. Il n'en fut pas de même sous dom Quenouault qui lui fut donné pour successeur, au chapitre de 1769. Sous l'administration de ce dernier, surgirent des intrigues de moines qui, en 1776, précipitèrent la ruine de l'établissement.

On conserve aux *Archives de l'Oise* les programmes de deux distributions de prix, faites au collège de Saint-Germer. A celles du mois de juillet

1727, on joua une tragédie en vers français, ayant pour titre *Ajax*. Les prix étaient donnés par le marquis d'Auxi. A la distribution des prix du 16 juillet 1738, on joua la *Vocation forcée* et l'*Avare*. Les deux programmes furent imprimés par Pierre Desjardins (1).

La Révolution a supprimé le collège de Saint-Germer. Une école secondaire ecclésiastique fut établie dans les bâtiments de l'abbaye en 1823. Elle fut dirigée, de 1823 à 1828 par M. l'abbé Mauger, et de 1828 à 1837 par M. l'abbé Pierre-Joseph-Félix Bessière. En 1837 fut construit à Brulet, près Beauvais, le Petit-Séminaire de Saint-Lucien. M. Bessière transféra aussitôt les classes de Saint-Germer au nouvel établissement, dont il devint supérieur. Il gouverna la maison jusqu'en 1846. Après lui vinrent M. Joseph-Hippolyte Marielle, 1846-1849 ; M. Rogeau, 1849-1852 ; M. Thorel, 1852-1858. M. Bessières reprit la direction de Saint-Lucien de 1858 à 1862. Depuis, les supérieurs furent : M. Catel, 1862-1878 ; M. Racinet, 1878-1882 ; et M. Quentier (1882), titulaire actuel.

COLLÈGE DE GERBEROY. — L'Ordonnance d'Orléans fut mise à exécution à Gerberoy en 1586. « L'évêque de Beauvais, est-il dit dans l'arrêt rendu au Parlement le 4 février de cette année, baillera les fruicts ordinaires d'une prébende de Gerberoy pour l'entretènement d'un précepteur audit lieu suivant l'Ordonnance (2). »

COLLÈGE DE CLERMONT. — « Pareillement en la ville de Clermont, ajoute l'historien du Beauvaisis, Pierre Louvet, suivant la dite Ordonnance, il y a une prébende de l'église collégiale pour le précepteur du collège (3) ». L'enseignement y était gratuit (4).

(1) *Arch. de l'Oise*, Fonds de l'abbaye de St-Germer ; — GRAVES, *Statist. Le Coudray-St-Germer*, p. 72.

(2) L'évêque Augustin Potier, dit l'abbé Délettre (Hist. du dioc. de Beauvais, t. III, p. 410) se plaisait à présider aux exercices littéraires dans les collèges de Beauvais et de Gerberoy (années 1630-1632). — La Révolution a supprimé le collège de Gerberoy.

(3) P. LOUVET, *Hist. et Antiq. du Beauvaisis*, t. I, p. 869.

(4) GRAVES, *Statist., Clermont*, p. 95.

Principaux du collège de Clermont (1), d'après les *Registres capitulaires* de St-Samson. — xvi° siècle. — 1574, Jean de Vendôme ; 1574-1587, Antoine Fabre ; 1589-1593, De Rebergues ; 1594-1597, Le Saige ; 1597-1606, Denis Guette.

xvii° siècle. — 1607-1610, Pierre de Villiers ; 1610-1617, Jacques de Facq ; 1617-1623, Antoine Lefebvre ; 1623-1631, Louis de Monceaulx ; 1631-1633, Pierre Davennes ; 1633-1637, Jacques des Essarts ; 1637, Jean de la Croix ; 1638-1654, Jean Cottu ; 1654-1661, Jean de Poïx ; 1661-1662, Thouret ; 1662-1669, Antoine Caudrillier ; 1669-1675, François Petit ; 1675-1678, Noël Caignart ; 1678-1688, Samson Chastellain ; 1688-1701, Etienne Marclau.

xviii° siècle. — 1701-1711, Jean de Cambronne ; 1711-1713, Jean-Pierre Barbault ; 1713-1716, Pierre Roche ; 1716-1718, Jean Palis ; 1718-1733, César-Charles de la Roche ; 1733-1746, Robert le Clercq ; 1746-1749, François le Grand ; 1749-1765, Noël du Russel ; 1765-1783, Henri Rendu ; 1783 et années suivantes, Lucien Warrée.

Collège de Noyon. — L'hôpital des Capettes de Noyon fut transformé en collège vers 1545. Il fut question de confier ce collège aux jésuites en 1631 (2). Divers obstacles empêchèrent la réalisation de ce projet. Une convention conclue en 1683, entre François de Clermont Tonnerre, évêque de Noyon, les officiers royaux et municipaux de Noyon, d'une part, et Raimond Chapponel, procureur général de la Congrégation de France des chanoines de Saint-Augustin, et Ange Pinon, prieur de l'abbaye de Saint-Barthélemy de Noyon, d'autre part, réunit le collège à la communauté régulière de Saint-Barthélemy. La maison toutefois garda le nom de collège des Capettes. Le Chapitre de la cathédrale essaya d'empêcher l'exécution de ce traité. Un arrêt du Conseil d'Etat, daté du 21 août 1684, prescrivit de ne tenir aucun compte

(1) Couard-Luys, *Rapport sur les Archives*, dans le Rapport du Préfet de l'Oise, au Conseil général, août 1885, p. 327.

(2) Communication de M. Couard-Luys, archiviste de l'Oise.

de son opposition. L'abbaye fut mise en possession de
tous les biens des Capettes. Elle se chargea de pourvoir à leur nourriture et à leur entretien. Gilles Au-
berreau, l'un de ses chanoines, muni de pleins pouvoirs, en prit en son nom l'engagement devant notaire. Il fut convenu que l'intendant de la généralité
de Noyon fixerait le nombre des Capets à admettre.
Un nouvel arrêt du Conseil d'Etat, rendu le 20 septembre 1684, ordonna l'ouverture des classes. Néanmoins, les chanoines de la cathédrale déclarèrent,
en assemblée capitulaire, que le principal du collège,
bien qu'il fût prêtre, ne prendrait point place aux
stalles du chœur et n'aurait ni entrée, ni voix déli-
bérative au Chapitre. Ce mécontentement ainsi affi-
ché n'empêcha point la transformation de suivre son
cours.

Un règlement, arrêté en 1786, par le Chapitre de
Noyon et l'abbé de Sainte-Geneviève, détermina
l'entrée et la sortie des classes, les livres, les leçons
et les matières de composition, les différents exercices, les congés et les vacances, la conduite des régents envers les écoliers et les obligations du principal (1). Ce dernier avait comme traitement une prébende canoniale évaluée 1200 livres. L'enseignement
était presque gratuit. Il était donné par quatre professeurs (2).

Principaux du collège de Noyon (3). — 1560,
Jean Quaquerel ; 1585, Renaut Bélin ; 1646, Antoine de la Vacquerie ; 1684, le P. Ange Pinon,
prieur de Saint-Barthélemy ; 1710-1712, le P. de Bois-
semé ; 1717-1719, le P. Le Grand ; 1756, le P. Gar-
sément ; 1761, le P. Diancourt ; 1764-1768, le P.
Rose ; 1769-1771, le P. Fagnan ; 1772-1774, le P.
Cahouëte ; 1776, le P. Minier de la Blotais ; 1776, le
P. Dabon du Gravier.

La Révolution a supprimé le collège des Capettes.

(1) *Arch. de l'Oise*, G. 1622.

(2) COLLIETTE, *Mém. du Vermandois*, t. II, p. 255.

(3) *Arch. de l'Oise*, G. 1622, Procès-verbaux d'inspection du collège
des Capettes.

Une école secondaire ecclésiastique, ou petit séminaire, l'a fait revivre en 1823. Elle a été établie par Mgr Claude-Louis de Lesquen, évêque de Beauvais, dans l'ancien couvent des Ursulines. Les supérieurs qui ont successivement dirigé cette maison sont les abbés Delettre, 1823-1833 ; Obry, 1834-1842 ; Laurent-Quentin Boveldieu, 1842-1857 ; François Nicolas-Stanislas Laffineur, 1857-1860 ; Antoine Billa, 1860-1869 ; et M. l'abbé Blond titulaire actuel.

COLLÈGE DE SAINT-QUENTIN. — A Saint-Quentin, comme à Noyon, le collège se substitua à la maison des Capettes. La première prébende préceptorale qu'on lui réserva, d'après l'ordonnance d'Orléans, fut donnée au principal Louis Potier. Trois professeurs se partageaient l'enseignement. Le premier, qui avait en même temps le titre de principal, était chargé de la rhétorique et de la seconde ; le second, de la troisième et la quatrième ; et le troisième, de la cinquième, la sixième et la septième. Une seconde prébende canoniale fut, par arrêt du conseil du roi, laissée, le 3 mars 1595, à la disposition du collège pour l'entretien de ces deux derniers régents. Toutefois, dit Colliette, « le principal du collège seulement porte au chœur de l'église, où il a une place invariable, le poil et les draps des chanoines, et en reçoit les sacremens et la sépulture en leur temple. » Le même historien nous donne les noms des principaux qui dirigèrent l'établissement depuis l'an 1492. L'écolâtre présenta au Chapitre, le 7 novembre de cette année, Alexandre d'Anconne. En 1504, Florent de Champieux résigna ses fonctions. En 1505, nous trouvons Antoine Battus. En 1549, déposition d'Antoine Quesnot que remplace Bonaventure le Bègue. En 1560, Louis Potier, natif de Saint-Quentin, donne sa démission. Son successeur Nicolas d'Andigny remplit jusqu'en 1562 les fonctions de principal qu'il lui rend alors. En 1576, la charge est aux mains de Robert Diré qui abdiqua. Vers 1586, le principal est Nicolas Herbin, docteur en médecine. Vient ensuite, en 1590, Nicolas Triplot qui se démit en 1596, et fut remplacé par Etienne

Rebouté jusqu'en 1612. De 1612 à 1632 le collège est administré par Claude Emmeré. Après lui reparaît Nicolas Herbin. Le principalat fut ensuite occupé en 1640 par Guislain Mabille, en 1680 par André Cambronne de Saint-Quentin, en 1718 par Nicolas Desjardins, mort le 6 décembre 1738, et depuis par François Desjardins son frère; ces deux derniers étaient originaires du village d'Artam, près Saint-Quentin (1).

Un lycée remplace aujourd'hui à Saint-Quentin l'ancien collège.

COLLÈGE DE PÉRONNE. — « Le collège de Péronne, dit encore Colliette, bâti sur un fonds appartenant à l'Hôtel-de-Ville, entretenu à ses frais dans ses bâtiments, et soudoyé en partie dans ses professeurs, n'est ni considérable, ni ancien. » La première trace que cite de cette grande école M. Valois, ancien sous-préfet, qui en faisait l'histoire en 1864, est de l'année 1540. A la suite de l'ordonnance d'Orléans, le collège reçut une nouvelle organisation qu'approuvèrent des lettres patentes délivrées le 14 juin 1568. Des prêtres séculiers en eurent la direction de 1568 à 1628. Un acte du 21 juillet 1614 y nomma comme principal Pierre le Sergent. Robert Dournel le remplaça le 30 septembre 1622. Sur sa démission en 1628, on confia l'administration du collège aux pères de l'Oratoire, qui le gardèrent depuis le 2 février 1628 jusqu'au 1er septembre 1637. Des prêtres séculiers s'y réinstallent et y restent jusqu'en 1665. Les principaux furent, du 18 octobre 1638 au mois de février 1643, Robert le. . . . . ; du 13 mai 1643 au 24 septembre 1659, Jean Caumartin qui mourut à cette dernière date ; du 12 avril 1660 à 1665, Louis Cornu, bachelier en théologie, qui donna sa démission. Les pères Trinitaires de Templeux-la-Fosse régirent ensuite l'établissement pendant cent onze ans, du 14 septembre 1665 à 1776. Les humanités y étaient enseignées par trois professeurs y compris le principal qui faisait aussi la classe. Le logement des régents

(1) COLLIETTE, *Mém. du Vermandois*, t. II, p. 251 à 253.

était entretenu gratis. Leur traitement consistait en quelques gratifications de l'Hôtel-de-Ville et le revenu d'une prébende canoniale de Saint-Furcy. Des prêtres séculiers reprirent le collège après les Trinitaires et ne le quittèrent que quand la Révolution vint les chasser (1).

COLLÈGE DE NESLE. — Le collège de Nesle fut érigé en 1579, conformément à l'ordonnance d'Orléans, sur la demande des magistrats municipaux formée en 1577. Un seul professeur séculier qui avait le titre de principal y enseignait les humanités en 1772. Une prébende préceptorale lui servait de traitement. Il avait sa stalle au chœur, séance et voix au chapitre, et jouissait des autres prérogatives attachées à son bénéfice. Son élection et sa destitution se faisaient par le chapitre et six bourgeois (2).

Le collège de Nesle a été supprimé à la Révolution.

COLLÈGE DE CHAUNY. — Le collège de Chauny n'avait en 1772 qu'un seul professeur, appelé principal, pour toutes les humanités. Les magistrats de la ville lui fournissaient ses appointements (3).

L'école ecclésiastique de Saint-Charles, naguère incendiée, s'est fait gloire de suivre les traditions de l'ancien collège de Chauny.

COLLÈGE DE COMPIÈGNE. — En 1560, ou mieux le 2 août 1563, Mathieu Bocheron, curé de Saint-Jacques de Compiègne, donnait 500 livres « pour estre employé en l'achapt d'une maison et en icelle establir le collège de la dicte ville à la charge néanmoingt de chanter par les escoliers du dict collège, chacun jour de relevée, avant sortir dudict collège, le *Salve Regina* avec trois oraisons, l'une de la Vierge Marie,

(1) COLLIETTE, *Mém. du Vermandois*, t. II, p. 255 ; — J. DARSY, *Les Écoles et Collèges du diocèse d'Amiens* ; dans la *Picardie*, 2° série, t. IV, p. 164.

(2) COLLIETTE, *Pouillé du diocèse de Noyon*, p. 220.

(3) COLLIETTE, *Pouillé du diocèse de Noyon*, p. 69.

l'autre *Venice largitor*, et l'autre *Fidelium* à son intention et de ses parents et amis trespassés »

Le 5 octobre 1564, une maison, située au coin du Marché au Blé, devant Saint-Corneille, fut léguée par testament à la ville dans le même but. En 1567, un différend s'éleva entre la ville et le Chapitre de St-Clément au sujet de la prébende à donner au maître chargé d'instruire les enfants. Une contribution dut pourvoir à l'entretien d'un précepteur, en attendant que la ville assignât une pension fixe aux régents du collège.

Le 9 mai 1571, les 500 livres données par le curé de Saint-Jacques furent avec d'autres deniers fournis par la ville « employéez par honnorables hommes, maistre Jehan le Gal, advocat, et Jehan de Saing, bourgeois, cy devant atournez et gouverneurs de la dicte ville, à l'achapt de la moitié de la maison et hostel de Roye assise audict Compiengne, par eulx acquise au nom de la dicte ville de Compiengne de Hélye Féré (ou Séné) et de Méline Charmolue, sa femme. »

A la même date, « honnorable homme maistre Jacques Charmolue, notaire et tabellion au dict Compiengne, a donné à la dicte ville l'autre moitié de la dicte maison et hostel de Roye, pour estre employé au dict collège. ».

En 1571 également, une cloche pesant 68 livres, à 10 sols tournois la livre, fut commandée par le corps de ville, pour le collège, à un fondeur de Clinchamp en Bassigny.

Le 23 novembre 1574, Noël Gambier, élu pour le roi à Compiègne, donnait à la ville, représentée par Jean Coffin, advocat, Simon Louvet, notaire, et Jean Charmolue, bourgeois, alors attournés et gouverneurs, la somme de 200 livres tournois de rente, à prendre sur les aides et tailles de la ville et de l'élection de Compiègne, pour l'entretien d'un ou de deux régents au collège. Le but de ses largesses était d'obtenir « que l'instruction, institution, doctrine et conduite des escoliers, estudians en iceluy, feust pure sincère et catholique. » Au cas où le collège serait fermé, Noël Gambier voulait que la rente, constituée par lui, fut prise « par les gouverneurs de la Table-Dieu (*Mensœ Dei*) pour être donnée aux pauvres. »

Notons encore quelques dons faits au collège. Du gouverneur de la Table-Dieu il reçut une rente de 40 livres pour les régents, de Claude Cronnier, procureur à Compiègne, 40 sols tournois de rente, et de Barbe de Hétrus, veuve de Jacques de Barthélemy, écuyer, seigneur de Bienville, une rente de 40 livres tournois. En 1607, Antoine Crin, seigneur des Tournelles et Marie du Feu, sa femme, donnèrent à la Table-Dieu la somme de 300 livres « pour estre employé en rente et bailler la moitié d'icelle rente par chacun an pour subvenir à l'entretènement de la chapelle dudit collège et jeunes enfans orphelins. »

Les pauvres avaient ainsi leur part, même dans les libéralités faites au collège.

L'établissement renfermait, en 1625, 70 enfants de Compiègne. Après avoir été administré par divers particuliers dont les archives de la ville conservent les noms, il fut, au départ d'Edouard de Pontaye, prêtre du diocèse de Lyon, offert aux pères de l'Oratoire. Ce projet n'eut pas de suite. L'abbé Pierre Bonin, ancien curé d'Arcy, prédécesseur de Pontaye, avait déjà émis le vœu que le collège fût confié à la compagnie de Jésus. Plusieurs délibérations de la ville continrent la même proposition. Les Jésuites furent enfin appelés, le 9 mai 1651, à diriger le collège « où depuis plusieurs années il y avait peu d'ordre et de discipline. » L'évêque de Soissons donna son consentement à la nouvelle organisation. Le traité entre la ville et les pères de la Compagnie de Jésus fut conclu le 5 septembre 1653. Louis XIV leur donna, au mois de juillet 1654, des lettres patentes, datées de Sedan, et leur constitua une pension de 3,000 livres. Les religieux entrèrent en possession du collège le 25 août suivant. Jean de Beaureins en était recteur en 1658. Pendant le mois de septembre de cette année, il consacra ses loisirs aux missions dans le diocèse de Senlis avec d'autres Jésuites, Mathieu du Hamel, Michel Guilloüet, Pierre et Charles de la Mandinière. L'évêque de Senlis, par lettre en date du 12 septembre 1658, invitait les curés de

Crépy-en-Valois à faciliter la mission que ces religieux allaient entreprendre en leur ville (1). Les
Jésuites restèrent à Compiègne un siècle (2). Lors
de leur expulsion de France, le collège fut saisi, le 30
juin 1762. Picot de Clorivière, âgé alors de 27 ans, y
était régent de seconde et de troisième. Le 24 janvier
1763, le corps de ville décida que le collège serait régi
par des particuliers, sous la direction d'un bureau
d'administration. Le nouveau régime fut sévère, à
ce qu'il paraît, car, dans une lettre adressée aux gouverneurs, un père de famille se plaint des *pensums*
et des coups de fouets jusqu'au sang donnés à ses
enfants. Neuf ans se passèrent ainsi. Les bénédictins
de la congrégation de Saint-Maur entrèrent au
collège le 5 octobre 1772, après avoir obtenu des
lettres patentes du roi le 8 août précédent. Dom de
Vaines en fut prieur (3).

COLLÈGE DE SENLIS. — Artus Fillon, évêque
de Senlis, donna à la ville de Senlis, en 1523, « l'an-

(1) *Arch. de l'Oise, Reg. de Denis Sanguin*, f° 101 v°.

(2) Nous avons trouvé, servant de couverture à un contrat, l'annonce
imprimée d'une *Enigme* que devaient, le dimanche 26 août 1723 à 3 h. 1/2
de l'après-midi, proposer et deviner en séance publique, au collège de la
Compagnie de Jésus de Compiègne, deux humanistes de Compiègne, Ga-
briel-François de Navarre et Antoine de la Valée. Voici la pièce :

D.   O.   M.

ÆNIGMA.

Imperium Natura mihi dedit orbis ; et illic
        res hominum nostrâ currere sponte solent,
Per me cuique venit summum nomenque, decusque :
        munere stat cunctis vita salusque meo.
Parva quidem moles, celeri cio grandia motu ;
        nec muto sedem, mobilis usque licet.
Nostrum est egregium quidquid miraris in orbe ;
        est nostrum quidquid nascitur orbe mali.
Tormentumque simul, simul et sum blanda voluptas ;
        et me, ne noscar, Di latuisse volunt.

Proponunt ac solvent

GABRIEL-FRANCISCUS DE NAVARRE, Compendiensis } Humanistæ.
ANTONIUS DE LA VALÉE, Sodalis, Compendiensis }

*In Collegio Compendiensi Regio Societatis Jesu, Die Dominicâ 29
Augusti, anno 1723, horâ post meridiem sesqui-tertia.*

(3) *Tableau des Fondateurs et Bienfaiteurs du Collège de Com-*

cien collège qui estoit, dit Jaulnay, proche l'église
Saint-Pierre et sur la paroisse Saint-Rieul. »

En 1530, Pierre Légier, sous-chantre et oncle de
Guillaume de Vaucorbeil, faisait un legs en faveur
de cet établissement.

Vers 1562, Pierre Chevalier, évêque de Senlis,
prit diverses mesures pour prémunir par une science
forte la jeunesse catholique contre les dangers de
l'hérésie. Il décida, de concert avec les gouverneurs
de la ville, qu'au collège l'enseignement serait donné
par un principal et deux régents, qu'une prébende
serait affectée à l'entretien de la maison, et que chaque
élève payerait 20 sols parisis par mois. Le principal
devait être choisi par lui d'après « la proposition du
Chapitre et du corps de ville. »

Il faut croire que ces mesures rencontrèrent de
l'opposition, car, en 1565, le Chapitre de Notre-Dame
fut condamné à fournir au collège la prébende d'un
régent, conformément à l'ordonnance d'Orléans. Les
bâtiments menaçaient ruine. Une délibération avait
été ouverte à ce sujet en assemblée générale le 3 décembre 1564. Des réparations y furent même votées,
mais on ne se hâta pas de les faire ; de sorte
qu'en 1571, disent les écrits du temps, la maison était
tout à fait « en décadence. » Une taille de 400 livres,
prélevée sur la ville dans les années 1572 et 1573,
permit enfin, non-seulement de restaurer le collège,
mais encore de l'agrandir. Par contre on se plaignait beaucoup de l'administration. Une réforme fut
faite en 1623. Daniel Viset eut la charge de principal
au lieu de Playette, après un concordat intéressant
passé entre celui-ci et les échevins. La ville acheta la
même année à Robert Advenat, moyennant 3,150
livres l'hôtel Sainte-Anne, « maison où l'on faisait
noces et grandes assemblées, fort commode pour esta-

piègne, 1608 ; Arch. de la ville de Compiègne, GG. 60 ; Soc. Historique
de Compiègne, t. I, p. 104 ; — Dom GILLESON, Hist. et Antiq. de la ville
de Compiègne, ms. t. I, l. I, ch. 83 ; — H. DE L'EPINOIS, Notes extraites
des Arch. communales de Compiègne ; Bibl. de l'Ecole des Chartes,
V° série, t. V, p. 154 ; — CHORON, Recherches histor. sur l'Instruct. publique dans le Soissonnais ; Soc. Archéol. de Soissons, 2° série, t. IX, p.
140 à 144.

blir le collège. » Les trois classes y furent installées
à la Saint-Remy.

Le 6 décembre 1624, jour de Saint-Nicolas,
Nicolas Sanguin, évêque de Senlis, célébra la
messe dans la chapelle de Sainte-Anne. « Et ainsi, dit
Jaulnay, toutes choses étant muables en ce monde,
les études sont transportées dans le bruit, assez
proche de l'estape au vin. »

Er 1638, le président Amelot, en vertu de lettres
patentes, unit le prieuré de Saint-Maurice au
collège.

En 1651, des démarches furent faites à Paris auprès de « Messieurs de Sainte-Genneviève pour les
prier de prendre le collége. »

En 1652, lorsque François Testu accepte le principalat, il s'oblige, disent les échevins du temps, à
« soigner tant l'instruction des écolliers en la piété et
relligion catholique que lettres humaines, suivant
l'intention de nos roys...., moyennant quoy luy
donnons pouvoir de prendre et recevoir des écolliers,
dont les pères auront moyens et facultés, les rétributions convenables à la peine qu'il prendra pour les
enseigner, et au regard des pauvres seront instruits
gratis. » L'abbé Muller (1), à qui nous empruntons
tous les documents relatifs au collège de Senlis, ajoute
ici cette réflexion : Truyard, Pierre Laurens et
autres, qui faisaient ces conventions, trouvaient dans
leur religion et leur bon sens la solution de plus
d'un embarras actuel.

François Testu établit une quatrième classe en
1658.

En 1672, le principal Nicolas Boileau veut ré-
duire les classes à deux. Le conseil de ville ne
goûte pas son avis et met à sa place François Testu,
curé de Versigny. Ce dernier ne garda cette charge
que trois ans. Il demanda à se retirer en 1676.
L'évêque alors forma le dessein d'unir le collège
au séminaire, et d'en confier la direction aux prêtres
du Saint-Sacrement, missionnaires du clergé, mais
il rencontra de l'opposition dans le conseil de ville.

(1) MULLER, Rues, Places, etc., de Senlis, Art. Collège.

Les échevins lui envoyèrent à Livry une députation pour lui transmettre leurs plaintes. Ils lui représentèrent : 1° que le séminaire n'avait été admis dans l'intérieur de la ville, en 1664, qu'à la condition de se renfermer dans les règles de son institution ; 2° que les missionnaires de la congrégation de Valence, directeurs du séminaire, n'avaient ni l'expérience ni la méthode nécessaires pour instruire les enfants. Les missionnaires Jacques Grenon et Lesueur, ajoutèrent-ils, sauront-ils conserver au collège sa vieille réputation ? « Les écoliers sortant du collège de Senlis ont estéz capables de la philosophie dans l'Université de Paris jusqu'à présent. » L'évêque répondit qu'on verrait les missionnaires à l'œuvre, qu'ils étaient instruits, que d'ailleurs Jacques Grenon, pas plus que les autres missionnaires, n'avait de pouvoirs perpétuels, et qu'ainsi on le pourrait destituer quand bon semblerait.

Le principal est, en 1703, Pierre-Auguste Vavin, et, en 1710, Robert Liégard. Ce dernier a pour successeur, en 1727, Rouyer qui s'engage à avoir deux régents avec lui et à « enseigner les pauvres gratis ». La nomination de Roger Collaie, en 1745, est faite à cette même condition : « l'on instruira les pauvres gratuitement ». Permission est donnée, en 1749, à François-Nicolas-Louis David, maître ès arts, d'enseigner en la ville de Senlis. En 1756, est nommé régent Pierre Collet, diacre, chantre et chanoine de Saint-Frambourg.

Il y avait au collège de Senlis, en 1760, un principal et trois professeurs. En 1761, le principal était Viole. Lorsque l'édit de 1763 ordonna que chaque collège eût un bureau d'administration, celui de Senlis possédait 1400 livres de rente. En 1786, la charge de principal était remplie par David. Il avait sous lui deux professeurs.

Le collège de Senlis a été supprimé à la Révolution.

COLLÈGE DES GÉNOVÉFAINS. — Le père Charles Faure, premier supérieur général de la nouvelle, congrégation réformée de Saint-Augustin, dite la congrégation de France ou de Sainte-Geneviève, établit en 1638, en l'abbaye de St-Vincent de Senlis, berceau de sa réforme des chanoines réguliers, un collège ou séminaire, suivant les règles tracées par le concile de Trente. Ce collège prospéra plus de cent ans.

En 1725, les élèves de l'établissement représentèrent une tragédie en prose ayant pour titre *Saint Louis en Palestine*. Dans les années 1744 et 1746, les chanoines réguliers exécutèrent le globe céleste et terrestre qui sont à la bibliothèque de la ville. Vers 1759, Louis-Pierre Anquetil du Perron fut envoyé au collège de St-Vincent, pour y réveiller le goût des études. Il y resta dix ans. C'est là qu'il composa son bel ouvrage : *De l'Esprit de la Ligue et l'Intrigue du Cabinet*.

On garde à la bibliothèque municipale de Senlis un « *Procès-verbal des exercices publics et de la Distribution générale des Prix* » de l'année 1769. (1).

Monseigneur Joseph-Armand Gignoux, évêque de Beauvais, a racheté l'ancienne abbaye de St-Vincent en 1836, et y a établi une école secondaire ecclésiastique. Les abbés Antoine-Félix-Emmanuel Poullet, 1836-1846 ; Pierre-Joseph-Félix Bessière, 1846-1856 ; Jean-Louis-Fortuné Magne, 1856-1868 ; François-Nicolas-Stanislas Laffineur, 1868 et 1869, ont été successivement supérieurs de cette maison. Confiée aux pères Maristes en 1869, l'institution de St-Vincent a été dirigée depuis par les R. P. Monfat, 1869-1874 ; Soly, 1874 ; Prat, 1874 et 1875 ; Gay, 1876-1884, et Veyre, 1885.

COLLÈGE DE CRÉPY-EN-VALOIS. — Les prescriptions de l'ordonnance d'Orléans furent appliquées à Crépy-en-Valois, en 1562, avec le concours de la reine Catherine de Médicis. On enseignait la langue latine en cette ville, dès le commencement du siècle précédent, du consentement des

---

(1) MORÉRI, *Dict. historiq.*, Art. Faure ; — GRAVES, *Statist. Senlis*, p. 138 ; — MULLER, *Rues, Places, etc*, *de Senlis*, Art. *St-Vincent*.

chanoines de St-Thomas, à qui appartènait la direction des écoles. En 1562, un ecclésiastique de talent, nommé Baudry, y dirigeait une pension de jeunes gens. Le bailliage érigea son école en collège. Le 12 avril 1562, jour des assises, l'évêque de Senlis, comme supérieur du Chapitre de St-Thomas, approuva cette transformation et fit délivrer à Baudry des provisions de principal. Un arrêt du Parlement ratifia tous ces actes, le 21 janvier 1563. On donna à Baudry un régent nommé Dubois, pour enseigner la rhétorique. Quatre ans se passèrent avant qu'aucune prébende ne vint à vaquer. En 1567, mourut le chanoine Gilles de Vaucorbeil. Le 2 juin de cette année, le Chapitre, faisant droit aux justes réclamations des échevins, reçut le principal Baudry au nombre des prébendés, et décida que le canonicat de Gilles de Vaucorbeil resterait désormais annexé à la principalité. Quelques jours après, le 6 juin 1567, la ville acheta la maison de Jean de Gressin, sieur de Duvy, et y installa le collège (1).

BOURSES FONDÉES DANS LES COLLÉGES DE PARIS, EN FAVEUR DES ÉTUDIANTS DES DIOCÈSES DE BEAUVAIS, NOYON ET SENLIS. — Jean de Nointel, dit Cholet, cardinal prêtre du titre de Ste-Cécile inscrivit dans son testament, le 1er dimanche de l'Avent, 27 nov. 1289. 6000 livres à dépenser en bonnes œuvres. Il mourut le 4 août 1294. Évrard de Nointel et Gérard de St-Just, chanoines de Beauvais, chargés de réaliser ses intentions, établirent près de l'Église St-Etienne-des-Grès à Paris un collège qui s'appela collège des Cholets, du nom de son fondateur. Par contrat du 3 juillet 1295, ils y créèrent seize bourses pour seize écoliers maîtres ès arts, originaires des cités et diocèses d'Amiens et de Beauvais, ne jouissant d'aucun autre bénéfice ecclésiastique. Jean, dit le Moyne, cardinal prêtre du titre de St-Pierre et de St-Marcellin, chargé en février 1301 de veiller à l'exécution des volontés du cardinal Cholet, y ajouta quatre autres bourses. D'autres bien-

(1) CARLIER, Histoire du duché de Valois, t. II, p. 617.

faiteurs en fondèrent vingt, ce qui porta le nombre des bourses à quarante (1).

Robert du Guast, docteur, régent en droit canon, constitua en 1556 au collège de Ste-Barbe trois prébendes, destinées à un principal, un procureur et un chapelain, et quatres bourses, la première pour un écolier de la Neuville d'Aumont, près Noailles, la seconde pour un écolier de la paroisse de St-Nicolas des Ailleux-le-Roi, près Poissy, et les deux autres pour des écoliers de la paroisse de St-Hilaire de Paris (2).

André Le Moine, évêque de Noyon (1304-1315), originaire de Crécy (Somme), fonda au collège du cardinal Jean Le Moine, son frère, situé dans la rue St-Victor à Paris, huit bourses en faveur de quatre écoliers du diocèse de Noyon et de quatre autres du diocèse d'Amiens (3).

Au collège de Daimville, créé en 1380 par trois frères, Gérard de Daimville, évêque d'Arras (1362-1369), Michel de Daimville, archidiacre d'Arras, et Jean de Daimville, maître d'hôtel du roi, douze bourses avaient été fondées, six pour des écoliers du diocèse d'Arras, et six pour des écoliers du diocèse de Noyon, au choix et à la nomination du doyen et du Chapitre de chacune de ces églises.

Le collège de Beauvais fut fondé, en 1370, à Paris, dans la rue nommée depuis St-Jean de Beauvais, par Jean de Dormans, évêque de Beauvais, cardinal et chancelier de France. Le dessein du prélat fut d'y entrenir quinze personnes nées à Dormans (diocèse de Soissons), lieu de sa naissance. Il y ajouta dans la suite douze autres bourses à d'autres intentions. Le nom de collège de Beauvais a prévalu sur celui de collège de Dormans donné d'abord à cette maison.

(1) LOUVET, *Hist. et Antiq. du Beauvaisis*, t. I, p. 871.

(2) MORÉRI, *Dict. hist.* Art. *Collège de Sainte-Barbe.*

(3) J. DARSY, *Les Ecoles et les Collèges du diocèse d'Amiens*, p. 33.

Le 6 mars 1501, maître Jean Notin, prêtre, procureur du collège de Beauvais, y créa, par testament, une prébende pour un cinquième chapelain et deux bourses pour des enfants de Compiègne (1).

En 1378, le roi Charles V, qui s'était déclaré le fondateur et protecteur du collège de maître Gervais Chrétien, son médecin, attribua le droit de nommer aux places des écoliers à Geoffroy le Bouteillier de Senlis, son premier chapelain, et à ses successeurs.

Nous avons déjà cité la fondation d'une bourse au collège du cardinal Le Moyne, en l'an 1400, par le chanoine de St-Rieul Raoul l'Orfèvre, en faveur d'un enfant de la famille l'Orfèvre, ou de la ville.

Par son testament, fait en 1526, Artus Fillon, évêque de Senlis, avait ordonné « que sur le résidu de ses biens fut prins deniers compétens pour fonder au collège d'Harcourt à Paris, quatre bources pour estre affectées deux à deux enfans de la ville dudit Senlis et les deux autres à deux enfans de la ville de Verneuil-en-Perche. » Le conseil de la ville, après avoir constaté qu'il « n'estoit demeuré que environ 400 livres tournois, qui n'estoit la somme compétente » obtient, le 30 juin 1527, que la moitié de cette somme, soit « 200 livres, seroit employée à acheter une maison pour tenir les escoles de la ville...... et a été ordonné que l'hostel et maison qui fut et appartint à feu Mᵉ Gallois-Cornu, séant au *Marché aux Samedis* seroit achetée pour tenir lesdites escoles » (2).

SÉMINAIRE DE BEAUVAIS. — Le 26 juillet 1620, Augustin Potier, évêque de Beauvais, recevait en son château de Bresles, un zélé missionnaire, fondateur du séminaire de Saint-Nicolas-du-Chardonnet à Paris, le père Adrien Bourdoise. Il s'entretint longuement avec lui des moyens à prendre pour faire revivre la foi et la piété dans les paroisses. Bourdoise lui représenta qu'il

(1) MORÉRI, Art. *Collège de Daimville* et *Collège de Beauvais.*

(2) MULLER, *Rues, Places, etc, de Senlis,* Art. *Ecoles.*

fallait d'abord s'occuper de l'éducation des jeunes clercs et régénérer le clergé, avant de songer à réformer le diocèse. Augustin Potier goûta fort cette idée. Il aurait souhaité la mettre aussitôt à exécution. Trois ans après, en 1623, il pria la communauté de St-Nicolas de lui fournir deux prêtres, pour leur confier l'éducation de la jeunesse cléricale. Le P. Bourdoise lui exprima le regret de ne pouvoir satisfaire son désir. Toutefois, il lui offrit de recevoir gratuitement en son séminaire les prêtres qui lui seraient envoyés de Beauvais, et de les y entretenir jusqu'à ce qu'ils fussent en état de bien remplir les fonctions auxquelles ils étaient destinés. Il consentit également à prendre soin des jeunes ecclésiastiques du même diocèse qui étudiaient à Paris, et à veiller sur leur conduite. La seule condition qu'il mettait à son offre, c'était que le prélat voulût bien, s'il agréait le projet, notifier ses intentions aux jeunes clercs de son diocèse, et les obliger à reconnaître le directeur de la maison de St-Nicolas comme leur supérieur. Augustin Potier n'hésita point à accepter une proposition si avantageuse. Quand, en 1624, il se rendit à Paris dans l'octave du St-Sacrement, il fut bien agréablement surpris en voyant le P. Bourdoise se présenter avec plus de cent jeunes clercs du diocèse de Beauvais, tous en costume ecclésiastique. Il en exprima toute sa joie. Puis, recommandant à ces jeunes gens d'obéir au P. Bourdoise, comme à lui-même, il leur déclara qu'il s'informerait exactement de leur conduite et de leurs progrès, et qu'il ne reconnaîtrait pour ses diocésains que ceux dont on lui rendrait un bon témoignage.

Vingt-quatre ans se passèrent sous ce régime. Ce n'est qu'en 1647 qu'Augustin Potier put établir le séminaire qu'il rêvait. Il affecta provisoirement à cet usage une aile du palais épiscopal. Nicolas Lévêque, qui, après avoir été curé à la campagne, doyen du Chapitre de Gerberoy, principal du collège de Beauvais, chanoine de la cathédrale et grand vicaire s'était retiré dans la solitude, fut mis à la tête du nouvel établissement. L'abbé Philippe Leclerc, également ancien principal du collège et plusieurs autres ecclésiastiques de grand mérite vinrent aider le nouveau supérieur dans ses travaux.

Il fut aussitôt enjoint à tous ceux qui se destinaient à la prêtrise de venir passer dans ce séminaire leurs trois dernières années d'études. En même temps qu'il imposait cette obligation jusque-là inconnue, Augustin Potier écarta tous les prétextes qu'on aurait pu faire valoir pour s'y soustraire. Il se chargea de l'entretien des élèves, sans distinction de pauvres et de riches, ne leur laissant à faire d'autres frais que ceux de leur trousseau. Le nouveau séminaire fut rempli, dès qu'on en eut annoncé l'ouverture. L'entreprise du généreux évêque eut un succès complet. Elle ne reposait néanmoins que sur des bases provisoires, aussi bien quant à l'ordre des exercices que sous le rapport des revenus. Il y avait trois ans que cette œuvre était fondée, quand Augustin Potier mourut. Son successeur, Nicolas Choart de Buzenval fit du séminaire le premier objet de sa sollicitude. Il recueillit les observations faites par les directeurs, consulta les évêques qui avaient de semblables établissements, et, d'après toutes ces données, rédigea un règlement dont il prescrivit l'observation.

La paroisse de Liancourt près Clermont jouissait depuis 1642 des bienfaits d'une fondation, destinée à régénérer le pays. Le duc de Liancourt avait constitué une rente de 900 livres au profit de trois prêtres qui exerceraient le saint ministère, sous la direction du curé, et instruiraient les habitants des devoirs de la vie chrétienne. L'abbé de Nully, curé de Liancourt, décida le P. Bourdoise à venir demeurer dans sa paroisse durant un an, par mode d'essai. Le pieux missionnaire ne put réussir à faire prospérer un établissement doté de si faibles revenus. L'abbé Philippe Leclerc, le seul ecclésiastique qu'il eût pour auxiliaire pendant quelque temps, ne tarda pas à le quitter pour aller à Beauvais rétablir sa santé et se vouer à la direction du séminaire. Choart de Buzenval comprit qu'il importait de déterminer le duc de Liancourt à modifier la destination de ses libéralités. Il le vint trouver au mois de juillet 1651, et

5

lui exposa que sa fondation, depuis si longtemps
stérile, produirait des fruits sérieux, si elle était ap-
pliquée au séminaire nouvellement créé.

Le duc agréa la proposition du prélat. Le P. Bourdoise quitta Liancourt le 28 août 1651. Le séminaire
fut à l'instant mis en possession du bénéfice vacant.
Les 900 livres de rente lui constituèrent un commencement de dotation et rendirent son existence
moins précaire (1).

Nicolas Lévêque, premier supérieur du grand
séminaire, eut pour successeur Charles Walon de
Beaupuis, bachelier en théologie, originaire de Beauvais, l'un des fondateurs du séminaire de Bazas et
ancien directeur de l'école des Granges, près de
Port-Royal-des-Champs. De Beaupuis avait été appelé
à Beauvais, vers 1650, par Choart de Buzenval, qui
l'obligea à recevoir la prêtrise et lui confia la direction des Ursulines de Beauvais et de Clermont.
Avant d'accepter cette charge, il fit promettre à son
évêque qu'il ne lui donnerait jamais aucun bénéfice.
Le prélat tint parole. Au lieu de le nommer à un
bénéfice, il le mit à la tête de son grand séminaire
à la mort de Nicolas Lévêque. De Beaupuis garda
la direction du séminaire jusqu'au décès de Choart
de Buzenval en 1679 (2). L'établissement fut ensuite
confié à la congrégation de Saint-Vincent-de-Paul.

Le cardinal Toussaint de Forbin-Janson, obtint
le 12 avril 1694, une bulle qui supprimait la mense
conventuelle de l'abbaye bénédictine de St-Symphorien au Faubourg St-Jean. Il ne s'y trouvait alors
que quatre religieux. Les revenus, qui ne dépassaient
pas 3,000 livres, furent unis au séminaire diocésain
avec les prieurés de Bonneuil, Montmille et St-Martin-
Longueau. Les pères de la Mission ou Lazaristes s'installèrent, le 28 août suivant, dans les bâtiments claustraux. On y ajouta bientôt de nouvelles constructions
dont la première pierre fut posée, vers mai 1700, par
René de Mornay de Monchevreuil, vicaire général,

(1) DELETTRE, *Hist. du diocèse de Beauvais*, t. III, p. 394, 395, 431,
442.

(2) MORÉRI, *Dict. Histor.* Art. *Beaupuis.*

en l'absence de l'évêque. Depuis ce temps, l'ancienne abbaye prit insensiblement le nom de séminaire qu'on retrouve dans les écrits du XVIIIe siècle (1).

L'un des premiers soucis de Mgr de Lesquen, après avoir pris possession du siège de Beauvais en 1823, fut de rétablir le séminaire diocésain supprimé à la Révolution (2).

Après avoir occupé dans la rue St-Marguerite les bâtiments de l'ancien collège, le séminaire fut installé en 1845 dans un édifice nouvellement bâti sur le boulevard de l'Hôtel-Dieu.

L'établissement a eu successivement pour supérieurs Mennessier, 1823; Joseph-Armand Gignoux, 1824-1842, sacré évêque de Beauvais le 29 mars 1842; Louis-François Heu, 1842-1860; Auguste-Louis-François Marthe, 1860-1886; et M. l'abbé Renet, titulaire actuel.

PETIT SÉMINAIRE DE BEAUVAIS. — Choart de Buzenval, afin de préserver davantage encore de tout contact pernicieux les jeunes gens qui se destinaient à l'état ecclésiastique, établit pour eux un petit séminaire dans une maison voisine du collège. On les conduisait au collège à l'heure des classes; ils rentraient ensuite en leur maison spéciale, pour s'y livrer à l'étude et suivre les exercices qui leur étaient propres. Par là fut complété le système d'éducation cléricale dans le diocèse de Beauvais. Cet établissement secondaire parut dans la suite si important, que Louis XIV en prescrivit de semblables dans tous les diocèses de France, par ordonnance du 15 décembre 1698. Choart de Buzenval eut le mérite d'en avoir conçu la première idée. Durant son

(1) GRAVES, *Statist.*, *Beauvais*, p. 197.

(2) N'a-t-on pas essayé ce rétablissement avant 1823 ? On pourrait le croire en lisant dans l'*Histoire des Hommes illustres du département de l'Oise*, par CH. BRAINNE (Art. *Guénard*): « En 1810, on lui confia (à l'abbé Nicolas Guénard) la direction du séminaire alors situé *rue du Font-Godard*, pendant la vacance du siège. » Il s'agit ici, croyons-nous, du collège ecclésiastique, transféré en 1813 dans la *rue des Jacobins* (voir ci dessus COLLÈGE DE BEAUVAIS).

épiscopat, il dépensa plus de 172,000 livres dans l'intérêt des séminaires. (1).

SÉMINAIRE DE NOYON. — Un séminaire fut fondé à Noyon, en 1655, pour l'éducation des jeunes clercs. Il reçut, en 1718, 24,000 livres de dotation. Cette libéralité lui vint d'Elisabeth de Bovelle, veuve du marquis de Genlis, qui, en donnant à Elisabeth Charlotte Lebel la seigneurie de Beaumont-en-Beine, y mit pour condition qu'elle payerait cette somme au séminaire de Noyon. (2).

Ce séminaire a été supprimé par la Révolution.

SÉMINAIRE DE SENLIS. — Il fut question de créer un séminaire à Senlis dès 1623, quand fut vendu *l'Hôtel Ste-Anne* ; mais la réalisation de ce projet se trouva pour diverses raisons longtemps retardée. Vers 1640, arrivaient à Senlis des prêtres, dits *Missionnaires du Clergé*, dont le pape Innocent X devait, en 1647, approuver la congrégation sous le nom de *Congrégation du Saint-Sacrement*. C'est à ces prêtres que l'évêque de Senlis allait confier la direction de son séminaire.

La Congrégation du St-Sacrement eut pour fondateur Christophe d'Authier de Sisgau, évêque de Bethléem, fils d'Antoine de Sisgau, seigneur de St-André. Entré à dix-sept ans en l'abbaye de St-Victor de Marseille, il y fut investi de l'office de capiscol *(caput scholæ)*, ou écolâtre, quoique encore à la philosophie et à la théologie. Aussitôt après sa profession qu'il fit en octobre 1627, il se rendit à Avignon pour y étudier ces deux branches de la science ecclésiastique. « Le 25 mars 1632, dit le P. Helyot (Histoire des Ordres monastiques), M. d'Authier de Sisgau, étant allé faire oraison selon sa coutume, dans l'église des religieuses de Ste-Claire d'Avignon, Dieu lui manifesta qu'il

(1) DELETTRE, *Hist. du diocèse de Beauvais*, t. III, p. 443.

(2) COLLIETTE, *Mém. du Vermandois. Pouillé du diocèse de Noyon*, p. 69.

voulait se servir de lui pour établir une congrégation de prêtres qui, vivant en commun, travaillassent
à réparer, autant par la sainteté de leur vie, que
par leurs discours, les désordres de l'Eglise, et lui
fit voir en esprit un jeune homme qu'il avait choisi
et destiné pour fonder avec lui cette bonne œuvre.
Il s'appelait J. Jacques Lafon, natif de la ville de
Carpentras, lequel de son domestique fut un de ses
compagnons. » — « J. J. Lafon, dit l'historien de
l'église de Senlis, Jaulnay, mourut en odeur de
sainteté à Senlis, étant pour lors curé de Sainte-
Geneviève de la dite ville. » Il avait converti son
presbytère en monastère. On peut le considérer
comme le premier supérieur du séminaire de
Senlis.

Au début, ce séminaire eut à surmonter plus
d'une difficulté. Le 7 juin 1649, les marguilliers et
paroissiens de l'église Ste-Geneviève faisaient signi-
fier par huissier à Pierre Pascal, leur curé, de
renvoyer du presbytère les prêtres du Saint-Sacrement, missionnaires du Clergé. Ils alléguaient pour
prétexte que la maison, trop petite pour un si grand
nombre de personnes, serait bientôt ruinée, ainsi
que son mobilier. Ces vexations déraisonnables
contrarièrent vivement l'évêque de Senlis, Nicolas
Sanguin. Il y répondit en établissant d'une manière
officielle une maison de la Congrégation du Saint-
Sacrement dans la paroisse de Ste-Geneviève, pour
y former des clercs à la discipline ecclésiastique.
Son ordonnance, datée du 14 octobre 1649, rappelle
les pressantes recommandations d'Innocent X, re-
latives à la création de séminaires diocésains. Elle
rend hommage à la vigilance des missionnaires pour
le gouvernement des âmes, à leur zèle et à leur
expérience pour l'institution des clercs, à leur charité
pour le soulagement des malheureux, en un mot
aux excellents et nombreux résultats de leur savoir
et de leur dévouement, constatés depuis neuf ans.
Nicolas Sanguin s'adressa en même temps au roi
pour faire ériger la maison des prêtres du Saint
Sacrement en séminaire avec tous les privilèges
habituels. Une ordonnance de Louis XIV réalisa ses

désirs avant la fin de l'année 1649 ; mais les lettres royales furent aussi impuissantes à arrêter les tracasseries que l'ordonnance épiscopale. En juin 1653, Pierre Pascal rédigeait un mémoire, en réponse aux demandes des échevins de Senlis qui prenaient fait et cause pour les paroissiens de Ste-Geneviève contre les missionnaires du Clergé.

Denys Sanguin, qui avait succédé à son oncle Nicolas Sanguin sur le siège de Senlis en 1652, comprit qu'il était urgent de mettre fin à toutes ces explosions de mauvais vouloir. Le 21 août 1654, il transféra officiellement le séminaire à Baron, où s'étaient déjà retirés les missionnaires avec leurs élèves. L'ordonnance, qu'il publia à cette occasion, donne l'histoire de l'œuvre depuis son origine, et rend compte des difficultés qu'elle avait rencontrées. Nous en donnons la substance :

Notre prédécesseur et oncle, Nicolas Sanguin, d'heureuse mémoire, sachant que tout le succès des séminaires dépend de leur bonne direction, et qu'il est très difficile de trouver des prêtres, réunissant les connaissances et l'expérience nécessaires, pour remplir fructueusement une telle mission, a voulu faire un essai en donnant aux prêtres de la Congrégation du Saint-Sacrement, non-seulement des paroisses à administrer, mais aussi des clercs à former. Neuf ans d'épreuve lui ont permis de constater l'aptitude de ces prêtres, tant pour l'éducation des clercs que pour le ministère paroissial, ainsi que la pureté de leurs mœurs. Une maison de leur congrégation fut alors autorisée et régulièrement établie par notre prédécesseur dans la paroisse de Ste-Geneviève.

L'ordonnance épiscopale, faite à ce sujet, le 14 octobre 1649, donna aux prêtres du Saint-Sacrement plein pouvoir de régir les paroisses du diocèse confiées à leurs soins, et de former les clercs, conformément aux constitutions de leur ordre, approuvées par le Saint-Siège. Louis XIV ratifia l'érection du séminaire la même année. Mais l'ennemi de tout bien suscita des adversaires à cette œuvre d'une utilité si incontestable. Sous de futiles prétextes, ces opposants sont intervenus pour empêcher l'érection du séminaire dans la ville de Senlis, et depuis, le projet est resté en suspens. Appelé peu après à gouverner l'église de Senlis, nous avons eu à cœur de ne pas laisser plus longtemps interrompue une œuvre si pieuse et si nécessaire. Dans l'intérêt de notre diocèse, nous avions hâte de fonder le séminaire projeté et d'exécuter les lettres royales obtenues par notre oncle, lorsqu'une occasion favorable s'est présentée de réaliser nos désirs au bourg de Baron, *in oppido de Barone*, dont le curé, aidé de quelques prêtres de la congrégation du Saint-Sacrement, faisait merveille, en instruisant des clercs, même dénués de fortune. Après avoir pris d'amples informations sur l'expérience et les aptitudes de ces prêtres pour la direction des séminaires et l'éducation des clercs, après avoir constaté que depuis treize ans ou environ ils s'étaient généreusement dévoués en notre diocèse, tant à former les clercs, pauvres comme riches, à la piété, au chant et aux cérémonies ecclésiastiques, qu'à administrer les paroisses, nous conformant d'ailleurs aux décrets des saints conciles et aux ordonnances royales sur l'obligation de créer des séminaires, nous avons érigé et institué, comme par les présentes nous érigeons et instituons, un séminaire pour les clercs de notre diocèse au bourg de Baron, et nous en avons confié et confions à perpétuité la direction, le gouvernement et l'administration, tant au spirituel qu'au temporel, aux prêtres de la congrégation du Saint-Sacrement, ainsi placés sous notre obéissance, dépendance et juridiction. En même temps nous leur avons permis et permettons de jouir de tous les biens, privilèges, prérogatives et grâces accordés par les saints canons aux séminaires en général, et par l'ordonnance royale à celui-ci en particulier (1).

Combien d'années le séminaire resta-t-il à Baron ? Probablement jusqu'en 1664. Le corps de ville consentit alors à son installation dans l'intérieur de Senlis, « à la condition de démolir le moins qu'il sera possible de maisons, et de n'imiter point les autres communautés religieuses, » carmes, capucins, filles de la Croix, etc. Toutes les préventions étaient tombées. « Charles Gauthier Daurence, prêtre de la congrégation du Saint-Sacrement établie à Valence, dit Jaulnay *(Hist. des Evêques de Senlis)*, fut du nombre de ceux qui furent appelés à Senlis pour la conduite du séminaire. Recommandable par son érudition en grec, il le fut davantage encore par sa piété. »

Jean Deslyons, doyen du Chapitre de N.-D. de Senlis, mort le 26 mars 1700, laissa par testament au séminaire ses meubles et acquêts.

Le 29 novembre 1703, Jean-François de Chamillard, évêque de Senlis, confia la direction du séminaire et l'administration des paroisses

(1) Moréri, *Dict. hist.* Art. *Authier* ; — *Arch. de l'Oise*, G. 620 *Registre des actes épiscopaux de Nicolas Sanguin et Denis Sanguin*, fº 14, 42 et suiv. — G. 2038 ; — Muller, *Rues, Places, etc. de Senlis*, Art. *Séminaire*.

réunies de St-Pierre et de St-Hilaire, à la congrégation de Jésus et de Marie, autrement appelée les
Eudistes, qui gouvernaient alors la plupart des
séminaires en Normandie et plusieurs en Bretagne.
Les raisons qui déterminèrent le prélat étaient la
piété des Eudistes, leur zèle pour les missions et
surtout la disette de prêtres. Une ordonnance épiscopale du 4 décembre suivant, donne au séminaire
une prébende canoniale à Notre-Dame et la chapelle
dite de St-Gabriel. En 1710, le séminaire demande
au lieutenant général de police l'autorisation d'ajouter
au logement qu'il occupe dans le presbytère de
St-Pierre, quelques maisons récemment achetées
dans les rues St-Pierre et Bellon, et de bâtir en
empiétant un peu sur la voie publique. Une transaction eut lieu à ce sujet entre la ville, représentée
par Charles Truyar, sieur de Chantereine, maire
perpétuel, et le séminaire, « M. Henri le Potdevin, supérieur, Robert Mignot, préfet des ordinands, Nicolas
Duval, théologien, et Michel-Louis le Moine, tous
prêtres, composant la communauté. » On commença
à construire le 8 avril 1711.

Le séminaire reçut un legs de quatre mille livres
d'Antoinette Chicot et Marie Cornu de Tourmont.
Il fut mis en possession de la bibliothèque que
Jacques Joly de Senlis, prieur de la Chapelle de la
Reine au diocèse de Sens, mort le 29 octobre 1652,
avait donnée à la ville.

Les bâtiments de l'ancien séminaire de St-Pierre
ont été achetés par la ville pour fournir une caserne,
le 16 octobre 1842. Aujourd'hui postes et télégraphes
y sont installés (1).

PERSONNAGES CÉLÈBRES DANS LES LETTRES OU LES
SCIENCES. — Tout soldat, on l'a dit, peut devenir
maréchal de France. Tout enfant peut de même se pla-
cer au premier rang parmi les hommes illustres. Mais
l'un comme l'autre devront leurs succès et leur gloire
au concours de trois éléments indispensables : c'est

(1) MULLER, *Rues, Places, etc. de Senlis*, Art. *Eudistes, St-Hilaire,
St-Pierre, Séminaire.*

d'abord « du ciel l'influence secrète », c'est-à-dire les talents naturels, les qualités innées ; c'est ensuite l'éducation dans la famille et dans les écoles ; c'est enfin le travail individuel.

Citer les illustrations d'un pays, c'est donc montrer la valeur de ses écoles. Le Beauvaisis, le Vermandois et le Valois peuvent être fiers des hommes célèbres qu'ils ont produits.

Notre région a donné à l'*Université de Paris* plusieurs recteurs : J. le Sieurre, P. Lenglest, G. Hermant, N. Tavernier, etc.... — La *Théologie* lui doit le cardinal J. Chollet, G. Durand, le cardinal P. Oriol, le cardinal P. d'Ailly, J. d'Auxi, P. Louvel, J. de Hangest, Pierre Ramus, S. Ducaurroy, P. Guillery, E. M. Boucher, etc.... — La *Jurisprudence* : le chancelier Guérin, Philippe de Beaumanoir, Arnaud de Corbie, J. de Montaigu, A. Loisel, A. le Conte, J. le Conte, L. Bouchel, Charondas, G. Drappier, C. de Feuquières, Ricard, N. S. Leu, Vaillant, J. F. d'Auvergne, Bucquet, Portiez, etc.... — La *Littérature* : Arnoul, G. Deschamps, P. des Avenelles, J. Thierry, T. Fertile, N. Lenglet, P. Restaud, L. M. Langlès, etc.... — La *Poésie* : Fulcoie, Fourcroy, Raoul, A. des Avenelles, J. Lefèvre, J. d'Aurigny, M. Thierry, Ravaud, Grévin, les deux Binet, C. Gouine, F. Maucroix, Pestel, etc.... — L'*Histoire* : Guibert de Nogent, J. Fillon, de Venette, A. Loisel, N. Bergeron, Mallet, Vaultier, A. de la Morlière, P. Louvet, J. Levasseur, A. Muldrac, L. d'Achery, Ch. Barthélemy, H. B. Gilleson, L. de Gaya ; G. Hermant, Jaulnay, P. Bertheau, A. Baillet, Coustant, Bourdelin, Vuyart, Labbé, Afforty, Carlier, Beaucousin, D. Simon, Du Ruel, Rouyer, Sézille, Colliette, Seroux d'Agincourt, etc.... — La *Géographie* : J. de la Grive, les Cassini de Thury, etc.... — La *Numismatique* : J. Foy-Vaillant.... — L'*Art héraldique* : J. le Féron.... — La *Musique* : Ducaurroy, Bournonville.... — La *Peinture* : J. Sarrazin, Q. Delatour.... — La *Médecine* : Robert de Douay, Ch. Nepveu, G. Patin, A. Lerat, C. Bourdelin, Bertrand, N. de Nancel, Bruhier d'Ablaincourt, etc.... — L'*Astronomie* : J. de Billy, les Cassini, etc.... — La *Chimie* : A. Baumé de Senlis.... — La *Physique* : G. Personne, de Roberval, J. A. Nollet, de Pimprez. — La *Minéralogie* : René-Just Haüy de St-Just. — La *Botanique* : Fernel, Cassini. — *L'Ecole des Arts et Métiers* reconnait pour son fondateur le duc de la Rochefoucauld-Liancourt ; celle des *Aveugles* bénit la mémoire de Valentin-Just Haüy, de St-Just, etc, etc....

Cette rapide énumération suffit à nous donner une idée du mouvement scientifique et littéraire dans notre pays aux siècles passés. Peut-être reviendrons nous un jour sur ce sujet si plein d'intérêt. On peut d'ailleurs à cet égard consulter avec profit les nombreux documents publiés par L. GRAVES dans ses *Précis statistiques sur chacun des cantons de l'Oise* ; CH. BRAINNE, *les Hommes illustres du département de l'Oise*, 3 vol. in-8° ; et la *Liste des personnages nés dans l'arrondissement de Compiègne antérieurement au XIX° siècle*, publiée dans le *Bulletin de la Société historique*, t. III, p. 246 à 261.

§ III. ÉCOLES ÉLÉMENTAIRES

Si le haut enseignement littéraire et scientifique tint une grande place dans les préoccupations de l'église, l'instruction élémentaire n'en fut pas moins l'objet de ses soins vigilants, et les grandes écoles ne firent pas oublier les petites. Les écoles paroissiales se perdent dans la nuit des temps, celles des communautés religieuses, si remarquables à toutes les époques, se multiplièrent considérablement au xvii° siècle, grâce à l'établissement de nouvelles congrégations, spécialement vouées à l'enseignement.

Nous allons passer en revue les unes et les autres, et cet examen nous permettra de reconnaître, une fois de plus, la splendide organisation de l'église catholique.

I. ÉCOLES PAROISSIALES

1. *Les écoles des presbytères avant le XI° siècle*. — Notre intention était d'abord de réunir en un seul groupe les documents relatifs à toutes les écoles

antérieures au xi° siècle, car il est bien difficile
d'établir une distinction précise entre les grandes
écoles et les petites, en ces temps reculés ; mais il
nous a paru bon d'insister tout spécialement sur
les écoles fondées pour les enfants du peuple.

Le deuxième concile provincial de Vaison (1),
ouvert le 5 novembre 529, prescrit, en son premier
canon, aux prêtres de toutes les paroisses des Gaules,
d'avoir une école chez eux, comme c'était l'usage en
Italie, pour y former de jeunes lecteurs (2).

Il y avait alors vingt-deux ans que s'était livrée près
de Poitiers la sanglante bataille de Vouillé, où Clovis
tua de sa main Alaric, roi des Visigoths, et soumit
tout le pays jusqu'aux Pyrénées. Des écoles paroissiales existèrent donc dès l'origine de la monarchie
française. Tous les villages en étaient-ils pourvus ?
Evidemment non ; mais c'était le vœu des évêques
qu'on en établît partout. Rappelons-nous l'école de
Salency que fréquenta St-Médard.

En 811, Jessé, évêque d'Amiens (799-834), dans
une instruction, adressée à ses prêtres, sur le soin
des paroisses, leur recommande d'avoir des écolâtres,
si bien instruits et formés, qu'en leur absence, ces
clercs, chargés des écoles, puissent sonner les offices et chanter dignement les Petites-Heures et les
Vêpres (3).

En 852, Hincmar, archevêque de Reims (845-882),
dans ses statuts, enjoint aux doyens de s'informer si
chacun des curés, placés sous leur juridiction, est

(1) Le premier concile de Vaison s'ouvrit le 13 nov. 441. — Vaison,
aujourd'hui chef-lieu de canton dans Vaucluse, a une population de
3279 habitants.

(2) Omnes presbyteri qui sunt in parochiis constituti, secundum consue-
tudinem quam per totam Italiam satis salubriter teneri cognovimus,
juniores lectores secum in domo, ubi ipsi habitare videntur, recipiant et
eos, quomodo boni patres spiritualiter nutrientes, psalmos parare, divinis
lectionibus insistere et in lege Domini erudire contendant (LABBE, Conciles
t. IV, col 1679).

(3) Ut ipsi presbyteri tales scolarios habeant, id est ita nutritos et in-
sinuatos, ut si forte eis contigerit non posse occurrere tempore com-
petenti ad ecclesiam suam, officii gratia persolvendi, id est Tertiam,
Sextam, Nonam et Vesperas, ipsi scolarii et signum in tempore suo pulsent
et officium honeste Deo persolvant. (Actes de l'Eglise d'Amiens, t. I, 77)

pourvu d'un clerc capable de tenir école, de lire l'épître et de chanter au besoin (1).

Le 14 juin 859, à Toul, dans le faubourg Savonnières, *apud Saponarias,* s'ouvrit un concile auquel assistèrent huit archevêques et trente-deux évêques. Parmi eux siégea Herpoin, évêque de Senlis, l'un des prélats les plus instruits et les plus zélés de l'époque. Le xᵉ canon de ce concile est ainsi conçu : « Il faut supplier les princes de tenir la main, comme l'ont fait précédemment les empereurs, à l'établissement d'écoles publiques, partout où il se trouvera des personnes capables d'enseigner. Les sciences divines et humaines reprendront ainsi un nouvel essor dans l'Eglise de Dieu, et l'on ne sera plus affligé de voir la vraie et fidèle interprétation des Saintes Ecritures tombée si bas, qu'on en retrouve à peine quelques vestiges (2). » On s'explique facilement cette décadence des écoles. Les invasions des pirates normands et les discordes civiles venaient de faire subir de rudes secousses à l'empire carlovingien.

Vers 889, Riculfe, évêque de Soissons (889-902), avertit ses prêtres de ne pas s'adonner aux occupations matérielles, au point de négliger l'office divin; de donner des soins assidus à leurs écoliers, de les élever dans la chasteté et de leur enseigner les belles lettres, en évitant devant eux tout langage incorrect; de ne pas admettre à leurs leçons les jeunes filles avec les écoliers dans leurs écoles, et enfin de renoncer à tout négoce et à tout lucre avilissant (3).

(1) Inquirendum si presbyter habeat clericum qui possit tenere scholam aut legere epistolam aut canere valeat, prout necessarium sibi videtur. (*Actes de la province de Reims,* t. I, p. 211).

(2) Ubicumque constituantur scholæ publicæ : scilicet, ut utriusque eruditionis et divinæ scilicet et humanæ in ecclesia Dei fructus valeat accrescere, quia, quod nimis dolendum est, divinæ Scripturæ verax et fidelis intelligentia jam ita dilabitur ut ejus extrema vestigia reperiantur. (LABBE, *Conciles,* t. VIII, col. 674).

(3) Monemus præterea, ut presbyteri sic ruralibus, id est terrestribus et ceteris occupationibus inserviant, quatenus divinum officium non negligant, et scholarios suos modeste distringant, caste nutriant et sic litteris imbuant, ut mala conversatione non destruant, et puellas ad discendum cum scholariis suis in schola sua nequaquam recipiant, et in turpi lucro et negotionibus non inserviant (*Actes de la province de Reims,* t. I, p. 525).

Ces ordonnances nous font connaître de quelles précautions l'on entourait les enfants des campagnes dans la province de Reims. Il nous est bien permis de penser que les évêques de Beauvais et Noyon n'ont pas déployé pour l'enseignement de la jeunesse, moins de zèle que leurs collègues du voisinage.

2. *Les Clercs du moûtier.* — On désignait souvent l'église et le presbytère sous le nom de *moustier, monasterium.* Là en effet, se trouvaient réunis, comme en un monastère, les clercs qui se partageaient les divers offices, dont ailleurs les moines s'acquittaient si bien. Le moustier St-Mard de Montmartin, *monasterium Sancti Medardi apud Montmartin,* cité au cartulaire d'Ourscamp en une charte de 1219 (1) ; le moustier St-Germain à Noyon « en le rue con dist du Wées (d'Huez) », devant lequel se trouvaient « une maison et une masure et un cortillet » que « Jehans de Viteri, chapelains perpétueus en l'église Nostre-Dame de Noyon » donna en mars 1308 (1309 n. s) à la communauté des chapelains de Noyon (2) ; le moustier de Chevrières, mentionné en un dénombrement de 1371 (3) ; les moustiers de Rhuis et de St-Germain-lès-Verberie, inscrits également dans un dénombrement de 1390 (4) ; le moustier de Thiescourt, près duquel se trouvait, en 1480, l'hôtel de Jean de Hamel, dit Rabache, incendié par les Bourguignons peu de temps auparavant (5) ; le moustier de Mont-l'Evêque en 1599 (6), etc., etc. ne sauraient indiquer que la cure de ces mêmes lieux. Le collège de prêtres, établi au presbytère, à ses fonctions sacerdotales joignait celles de notaire, de maître d'école et d'autres encore. On allait au moustier passer un contrat. C'est ainsi

(1) PEIGNÉ-DELACOURT, *Cartul. d'Ourscamp,* p. 480.

(2) *Arch. de l'Oise,* G. 1531.

(3) *Arch. du chât. de Villette. Inventaire des Titres.*

(4) *Arch. du chât. de Roberval ; — Comité Archéol. de Senlis* t. VIII.

(5) *Arch. de l'Oise,* G. 1908.

(6) MULLER, *Rues, Places, etc. de Senlis.* Art. *Mont-l'Evêque.*

qu'en 1223, R. de Condé, archidiacre de Soissons, Jean, curé de Thourotte, doyen de chrétienté et Eudes curé de Jonquières, également doyen de chrétienté, notifiaient l'acte par lequel Béatrice, veuve de Nicolas de Canly, renonçait, en faveur de l'abbaye de St-Yved de Braine, à tous les droits qu'elle pouvait avoir, à raison de son douaire, sur les dîmes de Canly et de Jonquières (1). De même Jean le Vasseur, curé de Venette et vice-gérant ou administrateur de la cure de St-Jacques de Compiègne, prenait la qualité de notaire public, recevait les testaments et écrivait les contrats de l'an 1492 à l'an 1495 (2).

Parmi les actes religieux d'Attichy est conservé un « Registre des testaments de la paroisse Saint-Médard d'Attechy sur Aixne, ausquelz est faict mention des donations de rente ou héritaige ou fondation d'obitz, commencé en l'an mil Vᵉ LIIII depuis la feste de Penthecouste XIIIᵉ jour du moys de may ou dit an ». Ces testaments ont été reçus, les uns par Pierre Passart curé d'Attichy, les autres par Martin Thécot, son vicaire. Le dernier des actes est du 11 avril 1572 (3).

Ces citations suffisent pour montrer que, dans notre pays, les clercs des moustiers, nous voulons dire des cures rurales, exercèrent le notariat jusqu'au xvıɪᵉ siècle. Il serait superflu de revenir sur leur qualité de maîtres d'école ; nous avons vu qu'ils en faisaient les fonctions dès le vıᵉ siècle.

Sans doute, il y eut des époques plus favorisées les unes que les autres sous le rapport des écoles. Les guerres, les épidémies et d'autres fléaux encore entravèrent plus d'une fois l'enseignement. C'est ainsi qu'après la peste noire, qui sévit en l'année 1348, l'instruction de la jeunesse se trouva fort négligée, comme nous l'apprend un écrivain contemporain, notre compatriote Jean de Venette. « La charité, dit-il, se refroidit très fort à partir de

(1) *Arch. Nat., Cartul. de St-Yved-de-Braine*, LL 1583, fᵒ 202.

(2) D. BERTHEAU, *Hist. de Compiègne*, Bibl. Nat. ms. lat. 13891 fᵒ 222.

(3) *Reg. de catholicité*. Attichy.

ce temps. L'iniquité se multiplia avec l'ignorance et le vice. On ne rencontrait guère de personnes qui sussent ou voulussent enseigner aux enfants les rudiments de la grammaire, soit à domicile, soit dans les villages ou les camps (1) ». Cette réflexion de notre historien nous laisse entendre qu'avant cette malheureuse époque les écoles étaient partout florissantes.

Les enfants que leurs parents destinaient à l'état ecclésiastique ont particulièrement fixé l'attention des évêques. Avant de les recevoir dans les rangs du clergé, on leur faisait subir un examen. Nul n'était admis, s'il ne possédait les éléments de la religion, de la grammaire et de la musique.

« Les curés, dit Charles de Villiers, évêque de Beauvais, dans les *Statuts synodaux* qu'il fit imprimer à Paris chez Louis Cianée en 1534, les curés rappelleront souvent au prône à leurs paroissiens, qu'ils doivent, s'ils veulent faire conférer les saints ordres à leurs enfants, veiller à ce que ces enfants, soient dès l'âge de raison, instruits avec soin, principalement sur la grammaire, la musique et les notions essentielles des préceptes divins et des sacrements. Sinon, qu'on le sache bien, les plus vives instances à cet égard n'aboutiront qu'à un refus. » Vingt ans plus tard, le cardinal de Chastillon, renouvela cette prescription en termes identiques dans ses *Statuts synodaux* publiés en 1554. Il était juste que les jeunes clercs, appelés à instruire les autres, reçussent de bonne heure une instruction sérieuse.

Nous n'ajouterons qu'une observation. Pendant tout le moyen âge et jusqu'à la Révolution, l'Eglise, loin d'être incriminée comme l'ennemie de la lumière et du progrès, était au contraire regardée comme la gardienne vigilante de toute vérité et la dépositaire intègre de toute science. Le titre de clerc était

---

(1) Charitas etiam ab illo tempore refrigescere cœpit valde, et iniquitas abundavit cum ignorantia et peccatis. Nam pauci inveniebantur qui scirent aut vellent in domibus, villis et castris informare pueros in grammaticalibus rudimentis (*Chronique de Guillaume de Nangis et Jean de Venette*. Edit. Renouard, t. II, p. 216).

synonyme.de savant, d'homme instruit. C'est le sens
qu'y attachait la Fontaine, lorsqu'il disait dans ses
fables (1) « Un loup quelque peu clerc. » Les clercs
de notaires, d'avoués, etc., etc. ne sont ainsi nom-
més qu'à raison de leur emploi, jadis si bien rempli
par les clercs du moustier. L'art de lire et d'écrire,
dit Carlier, était tellement réservé aux ecclésiastiques
qu'on l'appelait *la Clergie* (2).

3. *Les Clercs-laïques maîtres d'école.* — Déjà au
xvi° siècle la pénurie des clercs se faisait sentir.
Aussi le cardinal de Chastillon, dans les *Constitutions
synodales* que nous venons de citer, défend-il d'ouvrir
des écoles et de s'immiscer dans l'enseignement
sans en avoir préalablement obtenu l'autorisation.
Le maître des écoles, dit-il, les pédagogues, ou ceux
dont la profession est d'instruire la jeunesse, ne
seront admis à donner l'enseignement aux enfants
et à les former, qu'après avoir été approuvés par
nous ou nos vicaires, quel que soit le titre auquel
ils entendent diriger des écoles. Les contrevenants
seront considérés comme sectaires et suspects d'hérésie. Nous décrétons et voulons qu'on les traite
ainsi, tant pour remplir un devoir de notre charge,
que pour mettre à exécution les ordonnances et
avis du roi très chrétien, Henri II (3).
De même, le cardinal Charles de Lorraine, archevêque de Reims (1538-1574), dans ses ordonnances, publiées en 1572 (4), prescrit d'établir dans

(1) LA FONTAINE, *Les Animaux malades de la peste.*
(2) CARLIER, *Hist. du duché de Valois,* t. III, p. 164.

(3) Magister scholarum, pædagogi, aut qui docendæ juventutis curam
suscipiunt, non prius ad docendos pueros, aut eos conducendos, admit-
tantur, quam a nobis aut vicariis nostris probati fuerint, quocumque
titulo scholas regere profiteantur. Alioqui contra eos, veluti sectarios et
de hæresi suspectos, agendum esse statuimus et volumus, non solum
nostro ad hoc officio nos admonente, sed etiam regis Henrici christia-
nissimi litteris et admonitione permoti.
(*Constitutiones synodales civitatis et diœceseos Beloacencis* à R.R.ᵐᵒ
DD. ODONE Cardinali CASTELLIONENSI editæ et ejus jussu promulgatæ.
Anno Domini 1554. *Parisiis* ex officina *Reginaldi Calderii,* 1554. p. 43).
Nous devons ces documents et toutes les ordonnances épiscopales à
l'obligeance de M. l'abbé PIHAN, secrétaire de l'Evêché de Beauvais.

(4) GOUSSET, *Les Actes de la province ecclésiast. de Reims.* t. III, p. 352.

les villes et les villages de son diocèse qui en sentiraient le besoin et qui pourraient ou voudraient en subir la charge, un maître d'école convenable, pour apprendre à la jeunesse les premiers éléments de la littérature et du catéchisme. Il demande, en outre, que ces maîtres d'école n'entrent en fonctions qu'après avoir été approuvés par lui ou ses vicaires, et qu'ils reçoivent une rémunération suffisante, soit sur les revenus annuels de l'église, soit de toute autre manière plus commode. Telle fut l'origine des maîtres d'école laïques. Désormais nous ne verrons plus guère d'ecclésiastiques enseigner dans les écoles paroissiales. Les registres de catholicité indiquent encore, il est vrai, à Chevrières, en 1602, Nicole Lay, en 1610, Michel Fontaine, en 1612, Jean Lormier ; à Monchy-Humières, Jean Rougier « diacre et maistre d'école » en 1678 ; mais déjà en beaucoup de villages des laïques pieux et instruits ont remplacé les clercs. Les curés toutefois gardent toujours la direction de l'enseignement. C'est en leur nom qu'on forme la jeunesse à la science et à la vertu. Ils choisissent les maîtres, s'assurent de leurs capacités, leur procurent l'approbation épiscopale, surveillent leurs leçons et leurs actes, en un mot assument toute la responsabilité de ce nouveau mode d'éducation. La cloche de l'église avertit, comme par le passé, les écoliers de se rendre à l'école. Le curé va y faire de fréquentes visites, constate que le catéchisme est bien appris et explique la doctrine chrétienne. S'il n'enseigne plus par lui-même les autres sciences, il contrôle les progrès, encourage les élèves laborieux et inflige aux paresseux de justes réprimandes. Le maître, bien que laïque, semble tenir la place d'un vicaire. Aussi l'appelle-t-on le clerc maître d'école, comme s'il faisait vraiment partie du clergé.

4. *Règlements épiscopaux sur les écoles.* — Plus d'un abus tenta de s'introduire, à la faveur de ce nouveau régime. Les évêques pour y remédier firent des ordonnances. Quelques-unes ont trait à l'approbation des maîtres et à la visite des écoles, d'autres à la séparation des sexes, d'autres enfin à la fréquen-

6

tation des classes. Ces règlements méritent d'être médités. Ils ont été dictés par la sagesse, et l'expérience en a prouvé l'utilité et l'efficacité.

En 1646, Augustin Potier, évêque de Beauvais, inséra dans ses statuts synodaux (1) les prescriptions suivantes :

. . . .

VII. Que personne ne soit admis à estre maistre d'escholle, d'escriture, ou clerc d'église en aucune paroisse, qu'il n'ait esté approuvé pour icelle paroisse, de nous, nos grands vicaires, ou doyens ruraux, ce que nous accorderons sans frais et gratuitement ; et seront les dits maistres d'escholle d'escriture et clercs d'église tenus de se trouver aux visites qui se feront ès paroisses, par nous, nos grands vicaires, archidiacres et doyens ruraux pour y respondre de l'acquit de leurs charges, sous peine de révocation de leur approbation, s'ils n'ont empeschement légitime, qu'ils déclareront et justifieront dans le mois au doyen rural de leur territoire, qui nous le fera savoir.

François de Clermont-Tonnerre, évêque de Noyon, publia, au synode de 1673, une ordonnance où nous trouvons des prescriptions spéciales sur la séparation des sexes (2).

. . . .

IV. Toutes personnes indistinctement, qui instruiront la jeunesse, ne seront admises à cet employ dans les paroisses, et n'y pourront tenir école sans notre permission par écrit, ou celle de nos vicaires généraux, qui leur sera renouvelée tous les ans après notre synode, en conséquence du droit que les conciles de Trente et dernier de Tours, les assemblées générales du clergé de France, édits, déclarations, lettres patentes de nos roys, arrêts du Conseil d'Etat, du Parlement de Paris, et des autres Cours souveraines, conservent aux évêques.

V. Le péril d'une trop grande fréquentation, entre les deux sexes, est si grand, que pour en prévenir de bonne heure tous les inconvénients, nous ordonnons, conformément aux conciles de Bourges et d'Aix, dans les années 1584 et 1585, et à la lettre expresse que le feu roy Louis XIII, de triomphante mémoire, a écrite sur ce sujet à tous les évêques de France, que les écoles pour les garçons seront tenues par des hommes, et celles pour les filles, seulement par des femmes, ou filles de capacité et piété reconnues, sans que les garçons et les filles puissent être reçus

(1) *Actes de la prov. de Reims*, t. IV, p. 118.

(2) *Actes de la prov. de Reims*, t. IV, p. 320.

ensemble dans la même école, sous quelque cause ou prétexte que ce soit ; et seront lesdits maîtres et maîtresse d'école obligés d'observer les règlements que nous leur avons adressez.

En 1677, le même évêque rédigea un mandement relatif aux droits et aux devoirs des doyens ruraux. Nous y lisons (1) :

. . . .

VII. Ils (les doyens ruraux) pourront, durant un mois seulement, approuver les clercs et maîtres d'école pour (le service des paroisses de leurs doyennés et pour l'instruction de la jeunesse, jusqu'à ce qu'ils se présentent à nous, ou à nos vicaires généraux, afin d'y recevoir l'institution s'ils en sont jugés dignes.

Au synode de 1680, François de Clermont-Tonnerre invita ses prêtres à recruter et à former des maîtres et des maîtresses d'école (2). Voici les termes de sa recommandation :

. . . .

II. Pour faire en sorte que les filles soient mieux enseignées, plus décemment, et séparément des garçons, ils (les curés et vicaires) tâcheront, principalement dans les grandes paroisses d'élever, attirer et faire entretenir des maîtres et maîtresses d'école, sans différer ce bon œuvre dans les lieux où il s'en trouve de capables.

Le synode de 1685 (3), tenu encore par ce prélat, renouvelle les prescriptions de 1673 et celles de 1680, en rappelant « le livre des règlements dressés pour apprendre aux maîtres et aux maîtresses à s'acquitter dignement de leur employ ».

En 1688, le synode de Noyon ne fut pas présidé par François de Clermont-Tonnerre, mais par son vicaire général. La fréquentation des écoles, l'assiduité des maîtres à y donner leurs leçons et la séparation des sexes y furent l'objet d'une mention spéciale (4).

(1) *Ibid.* p. 374.

(2) *Ibid.* p. 394.

(3) *Ibid.* p. 461.

(4) *Actes de la proc. de Reims*, t. IV. p. 500.

XII. Ils (les curés) tiendront la main à ce que les parents en-
voyent plus soigneusement leurs enfans à l'école, et que les
maîtres et maîtresses s'y rendent plus assidus à l'avenir que par
e passé, et si faire se peut, ils auront une école séparée pour les
filles aussi bien que pour les garçons.

Charles-François de Chateauneuf de Rochebonne,
deuxième successeur de François de Clermont-Tonnerre sur le siège de Noyon, publia, le 8 octobre 1724,
un mandement relatif à la subsistance des maîtresses
d'école, dans lequel il inséra divers extraits de la déclaration du roi du 14 mai précédent, concernant
la religion et le soin de l'éducation des enfants (1).

L'abbé Delettre (2) fait l'éloge de la sollicitude que
montra constamment Nicolas Choart de Buzenval,
évêque de Beauvais (1651-1679), à l'égard de la jeunesse.

« Il exerçait, dit-il, la plus grande vigilance sur
les écoles où l'enfance va recevoir sa première éducation, parce qu'il savait que l'avenir de l'homme et
de la société dépend, en grande partie, des principes
qu'on y puise et des habitudes qu'on y contracte. Cette
vigilance s'étendait sur les instituteurs ou institutrices, aussi bien que sur les enfants qui leur étaient
confiés. Il ne visitait point une paroisse sans se
transporter à l'école, pour l'inspecter dans tous ses
détails. Il s'informait de la conduite et des mœurs
des personnes qui y étaient préposées, de leur conduite envers les élèves, de leur manière d'instruire,
des choses qu'elles enseignaient et de l'ordre qu'elles
établissaient dans leur classe. Il ne dédaignait pas
d'interroger les enfants pour s'assurer de leurs progrès et les encourager à mieux faire encore. Il y avait
un point sur lequel il était d'une inflexible sévérité ;
il ne tolérait l'admission des enfants des deux sexes
que dans les petites localités où il était impossible
d'établir deux écoles distinctes et séparées ; encore
prescrivait-il toutes les mesures d'ordre et de surveillance propres à préserver les enfants de tout danger

(1) *Arch. de l'Oise*, G. 558.
(2) DELETTRE, *Hist. du diocèse de Beauvais*, t. III, p. 524.

de libertinage et de corruption. Mais partout ailleurs, il exigeait une séparation complète, voulant qu'en chaque paroisse, il y eut un instituteur et une institutrice. »

Le successeur de Choart de Buzenval, le cardinal de Forbin-Janson, au synode diocésain du 8 juillet 1699, revint sur les règles à suivre pour l'admission des maîtres d'école, la séparation des sexes et la fréquentation des classes (1). Il ne fit guère que reproduire les ordonnances promulguées antérieurement, tant à Beauvais qu'à Noyon.

. . . .

V. Personne, dit il, ne sera admis à faire fonction de maître ou de maîtresse d'école, ou de clerc d'église dans les villes et à la campagne, si auparavant il n'a été reçu ou approuvé par nous ou nos officiers, et provisoirement par le curé de la paroisse ou autres personnes ecclésiastiques qui ont droit de le faire sous notre autorité, ce qui se fera gratuitement et sans frais.

VI. Dans les lieux, où il pourra y avoir des écoles distinctes, les écoles pour les garçons seront tenues par des hommes, et celles des filles par des filles, veuves ou femmes de capacité et piété reconnues, sans qu'il soit permis d'envoyer ou recevoir aucun garçon dans les écoles des filles, ni aucune fille dans les écoles de garçons. Et où il n'y a point de maître établi, ni de maîtresse, les clercs tiendront écoles pour les enfants de la paroisse l'hyver et l'été.

VII. Les curés de la campagne exhorteront les parents d'être exacts à envoyer leurs enfants à l'école, au moins à une certaine heure du jour, matin et soir, tiendront la main à ce que les maîtres y soient assidus, sans les distraire, sinon lorsqu'ils au ront besoin de leurs secours pour l'administration des sacrements, visiteront les écoles une ou deux fois chaque mois et empêcheront les enfants de leur paroisse d'aller aux écoles des paroisses voisines, si ce n'est qu'il n'y en ait point dans leur propre paroisse.

5. *Règlements paroissiaux sur les écoles.* — Chaque diocèse, dit Carlier (2), avait ses règlements particuliers. Ceux de Senlis, de Soissons et de Meaux, se réduisaient aux articles généraux suivants :

(1) *Actes de la proc. de Reims*, t. IV, p. 62

(2) CARLIER, *Hist. du duché de Valois*, t. III, p. 165.

Aucun Maître ou Maîtresse ne pourra tenir école, qu'il ne soit approuvé de l'évêque diocésain, de l'archidiacre ou du grand chantre de la cathédrale. Les écoles doivent être ouvertes depuis huit heures du matin jusqu'à onze, et depuis deux heures après midi jusqu'à cinq.

Les leçons doivent commencer par la prière et finir de même.

Le catéchisme sera fait deux fois la semaine aux enfants, dans l'école.

On n'employera, pour enseigner à lire, que des livres de piété dont l'usage sera indiqué ou approuvé par le curé.

Les enfants seront conduits à l'église et aux offices des dimanches et des fêtes, et seront contenus par les Maîtres et par les Maîtresses.

Les Maîtres ne pourront recevoir aucunes filles dans leurs écoles, ni les Maîtresses aucuns garçons. Quant aux paroisses où il n'y a qu'un seul Maître pour les garçons et pour les filles, celui-ci doit séparer les uns des autres en deux classes et ne jamais laisser le lieu des écoles sans surveillant.

Les enfants seront instruits selon les règles de la charité et de la discrétion, repris sans passion, corrigés sans humeur, selon les règles de la pudeur et de la modestie. On leur inspirera l'amour et la crainte de Dieu et l'horreur du vice.

Les Maîtres et les Maîtresses veilleront aussi sur la conduite des enfants, même hors des écoles, par une inspection telle que les temps et les lieux permettront.

Les Maîtres et les Maîtresses seront recommandables par une bonne conduite et par une vie régulière. Ils ne pourront allier à leur profession aucunes fonctions avilissantes ou serviles. Ils seront approuvés des curés et seront tenus de se présenter tous les ans devant l'archidiacre, le chantre ou le doyen rural (suivant l'usage des diocèses), et feront renouveler leurs pouvoirs, qu'ils présenteront ensuite au curé de la paroisse.

Pierre Maréchal, clerc séculier et maître d'école à Jonquières de 1768 à 1792, nous a conservé la substance du règlement qui lui fût imposé au jour de son installation en novembre 1768 (1).

(1) *Souvenirs de Pierre Maréchal*, recueillis et rédigés par L. R. JULLIARD, instituteur à Jonquières, dans son *Journal d'une famille d'instituteurs*, ms.

Nous avons trouvé dans ce manuscrit une histoire bien jolie qui mérite d'être rapportée.

Quand Pierre Maréchal fut installé maître d'école à Jonquières, en 1768, depuis longtemps déjà Mérien exerçait la même profession au Meux avec un succès toujours croissant. Mérien devait ce succès à ses majuscules qu'il excellait à orner de figures fantastiques, têtes de coqs, dragons, poissons, etc. Aussi ne manquait-il aucune occasion de faire valoir son habileté. Voyait-il une belle porte, une surface bien polie, vite il prenait un morceau de craie ou de charbon et dessinait une splen-

Il s'engagea publiquement et par écrit :

1° A apprendre aux enfants à lire, à écrire, à compter et à chanter au lutrin.

2° A sonner l'*Angelus* au matin, à midi et au soir et le trépas de Notre-Seigneur le vendredi à trois heures ;

3° A chanter les offices et à accompagner M. le Curé pour l'administration des Sacrements ;

4° A tenir l'église dans un état de grande propreté ;

5° A remonter tous les jours exactement l'horloge de la paroisse ;

6° A porter l'eau bénite, les dimanches et les fêtes, dans toutes les maisons du village et, les jours de fête seulement, au hameau de Montplaisir, à cause des mauvais chemins.

Nous verrons plus loin quels émoluments lui furent promis.

A Notre-Dame-du-Thil, aux portes de Beauvais, un règlement sur l'instruction des enfants fut rédigé en 1788. Le maître d'école, nommé l'année précédente, n'avait pas montré, paraît-il, beaucoup de zèle dans l'exercice de ses fonctions. On se plaignait « qu'il ne s'était point perfectionné dans son état, ainsi qu'il l'avait promis lors de sa réception, et qu'on ne distinguait dans son école presque point d'écoliers bien formés pour la lecture, l'écriture et le chant. » On reconnaissait d'ailleurs « que les parents n'apportaient pas moins de négligence à envoyer leurs enfants à l'école, se contentant de les y envoyer deux ou trois mois d'hiver. » N'écoutant que leur mécontentement, plusieurs familles s'étaient décidées à faire instruire leurs enfants dans les villages

---

dide majuscule. Maréchal se trouvait humilié, quand Mérien faisait devant lui parade de son talent. Il résolut de prendre sa revanche et de se relever aux yeux du public. Un jour que Mérien venait de renouveler son exercice favori, excitant l'admiration des curieux, Maréchal exhiba un carré de papier, sur lequel était tracé un cercle de la dimension d'un écu de six livres. Dans l'aire de ce cercle, il avait, avec une plume de corbeau, transcrit en lettres extrêmement fines et néanmoins fort élégantes le psaume 50, *Miserere mei, Deus,* l'acte de contrition, une date et son nom.

En feriez-vous bien autant ? dit-il à Mérien, en lui présentant le papier. Mérien resta stupéfait, à la vue de ce petit chef-d'œuvre. Il complimenta son confrère et depuis ce jour il n'osa plus devant lui tirer avantage de ses élégantes majuscules.

Le petit bijou calligraphique existe encore. On nous l'a montré. C'est vraiment une merveille. Qu'on ne dise plus que les maîtres d'école d'autrefois manquaient de savoir et d'amour-propre !

voisins. L'assemblée municipale, tenant compte des observations du curé de la paroisse et du syndic, essaya, le 12 octobre 1788, de remédier à cette fâcheuse situation. De vertes remontrances furent faites au maître d'école. On exigea de lui de sérieuses promesses. « On lui déclara qu'on lui laissait une dernière année d'épreuve, après laquelle il serait remercié et quitterait sa place, si les effets ne répondaient point aux espérances nouvelles qu'il faisait concevoir. » Pour bien préciser ce qu'on attendait de lui, on lui traça le règlement suivant, calqué sur les usages conservés dans les paroisses voisines :

Règlement de l'Assemblée municipale de N.-D. du Thil, relativement à l'instruction des enfants de la Paroisse (1).

ARTICLE PREMIER. — L'école sera sonnée tous les jours au coup de huit heures du matin et commencera à huit heures 1/2 juste, pour ne finir qu'à midi moins un quart passé, et que l'*Angelus* puisse être sonné à midi juste. L'après-midi elle sera sonnée à une heure et demie, et commencera à deux heures juste, pour finir à cinq.

ART. 2. — Depuis huit heures jusqu'à huit heures et demie, le matin, si Monsieur le Curé n'en est point empêché, le Maître chantera la messe ou là fera servir, lui présent, par les écoliers qui seront arrivés à huit heures. L'école commencera par la prière que le Maître fera réciter alternativement par un écolier, et finira par une autre prière récitée par un autre écolier.

ART. 3. — Le Maître distribuera les écoliers en trois ou quatre classes, et mettra tous les écoliers de la même classe à la même leçon pour les faire suivre la leçon. Il fera lire d'abord ceux de la première classe, pendant quoi, les autres classes étudieront et ainsi de suite. La première classe ayant lu, le Maître fera écrire aux premiers écoliers les exemples qu'il leur aura préparés, leur donnera de nouveaux exemples deux fois la semaine, et leur fera composer des règles d'arithmétique. Chaque écolier lira au moins une page de son livre, et, si l'un d'eux l'a mal lue, il la lui fera recommencer à la fin de la classe.

ART. 4. — Le Maître tiendra note de tous ceux qui auront bien étudié et bien lu pendant la semaine, ainsi que de ceux qui n'auront point étudié et qui auraient fait des fautes, pour remettre cette note à la fin de la semaine à M. le Curé.

(1) COUARD-LUYS, *Inspection des Archives communales* dans le *Rapport du Préfet de l'Oise* au Conseil général, août 1885.

Art. 5. — Toutes les classes ayant lu, le Maître fera étudier aux enfants la leçon suivante, et pendant ce temps corrigera les écritures et les règles.

Art. 6. — Après la lecture du soir, le Maître demandera trois ou quatre versets de catéchisme aux écoliers. Le samedi après-midi, il n'y aura point de lecture ni d'écriture, mais on fera répéter tout ce qu'on aura appris du catéchisme pendant la semaine, et apprendre l'évangile du dimanche.

Art. 7. — Le dimanche il y aura une instruction sur la religion à l'école, pendant toute l'année, excepté l'Avent et le Carême. On la sonnera à une heure moins un quart. Le Maître et la Maîtresse feront réciter le catéchisme à quelques écoliers, feront réciter l'évangile ; après quoi on lira un chapitre de l'Ancien et du Nouveau Testament et la vie d'un saint ou quelque autre instruction, et le Maître tiendra note de tous ceux qui y auront assisté.

Art. 8. — La classe du soir finie ou après le dîner des écoliers, il y aura une leçon de chant.

Art. 9. — Les écoliers, en sortant de l'école, seront reconduits au bout du chemin par le Maître, et les petits enfants par la Maîtresse, pour prendre garde qu'ils ne chamaillent point et ne polissonnent point dans les rues.

Art. 10. — Il sera à propos, si faire se peut, que les petits enfants soient dans une école séparée des grands, pour ne point troubler ceux-cy dans leurs études, et que la Maîtresse d'école en soit chargée à cause des soins qu'ils exigent. Elle les fera lire et apprendre un peu de catéchisme.

Art. 11. — Le Maître gouvernera les enfants avec douceur, et leur fera des remontrances graves, avant que d'en venir aux punitions. Si les fautes sont répétées, il leurs imposera des pénitences qui leurs fassent plus de honte que de mal. S'il y avait des fautes graves qui exigeassent une correction exemplaire, avant de la faire, il préviendra M. le curé ou fera son rapport à l'assemblée.

Art. 12. — Chaque semaine, soit le samedi, soit le dimanche, soit M. le curé, soit le syndic, feront une visite à l'école. Le Maître leur remettra ses notes. Ils entendront les plaintes ou les éloges et décerneront des récompenses ou des peines. Le Maître aura soin aussi de leur faire connaître ceux qui, pendant la semaine, auront manqué à l'école.

Art. 13. — Le Maître aura soin d'instruire les enfans de chœur des cérémonies qu'ils doivent faire pour l'office divin, deux fois la semaine.

Art. 14. — Dès que le présent règlement commencera à

être exécuté, le Maître yra trouver les parents des enfans qui vont à l'école hors de la paroisse, afin de les prier de revenir à la paroisse.

Signé : Dupriez, Evrard, Levraux, D. Toillié, Tonnelier, De Lamotte, curé.

L'assemblée municipale du Fayel près Compiègne, pour se conformer aux instructions émanées du district, tint séance le 13 novembre 1791, au sujet du maître d'école qu'il s'agissait de maintenir dans ses fonctions ou de remplacer. Nous allons reproduire la délibération consignée dans les registres (1). Elle complètera nos renseignements sur les obligations imposées aux maîtres d'école d'autrefois :

Ce jour'hui, treiziesme jour de novembre mil sept cent quatre vingt-onze, à l'assemblée des maire, officiers municipaux, procureur de commune, notables et habitans de la paroisse du Fayel, convoquée en la manière accoutumée, au son de la cloche à l'issue des Vêpres de la dite paroisse, — en présence de M. de Grandmaison, fondé de pouvoirs, de M. de Rouault et du R. P. Eloy, chapelain de mondit sieur de Rouault, vicaire en chef de la dite paroisse, pour délibérer et faire choix d'un clerc d'église et maître d'école, qui devra continuer à remplir toutes les fonctions pratiquées cy devant, — s'est présenté Pierre Vinet, cy devant clerc de la dite paroisse, fils de Charles Vinet, clerc et maître d'école de Sacy-le-Petit. Après examen fait de ses vie, mœurs et capacité, d'une voix unanime nous l'avons nommé et reçu pour exercer les dites fonctions qu'il a promis, et promet par ces présentes, remplir bien et fidèlement, à la charge par lui — premièrement, de sonner l'*Angelus*, le matin, à midi et au soir, de carillonner les veilles et jours de fêtes de matines ; — d'instruire les enfants dans la religion catholique, apostolique et romaine ; — de balayer et nettoyer l'église les samedis et veilles de grandes fêtes ; — de porter l'eau bénite dans chaque maison le premier dimanche de chaque mois. — Et nous, maire, officiers municipaux, procureur de commune, notables et habitans dudit lieu avons promis de lui payer chaque année la somme de trois cens livres, pour faire l'école depuis le premier octobre jusqu'au premier juillet. Si cependant il arrivait qu'il se présentât moins de douze enfants aux instructions, la dite obligation cesserait.

6. *Projet de Maîtrise.* — L'évêque de Beauvais, Augustin Potier, conçut le projet d'une maîtrise pour former des maîtres d'école. Il avait été, dans ce but, au commencement de 1647, visiter le Père Bour-

(1) *Reg. municip. du Fayel*, 1791.

doise à Liancourt. L'école fondée par ce dévoué missionnaire, jouissait alors d'une grande célébrité. Il ne venait personne au château de Liancourt qui ne voulût voir ces classes modèles. L'illustre évêque de Belley, Camus, qui y séjournait souvent, l'archevêque de Paris et plusieurs autres prélats distingués, le P. Desmasures de l'Oratoire, qui venait prêcher dans l'église du lieu, Louis XIV et la reine-mère, qui avaient fait visite au duc de Liancourt au mois de mai 1646, tous allèrent féliciter le P. Bourdoise au milieu de ses élèves. L'organisation des classes, l'admirable tenue des enfants, l'attention qu'ils portaient aux leçons de leur maître, leurs progrès et le plaisir qu'ils trouvaient à fréquenter l'école, rendaient cet établissement fort intéressant. L'évêque de Beauvais comprit les immenses avantages que produiraient des écoles ainsi dirigées, si chaque paroisse en possédait une semblable. Il résolut aussitôt de charger le P. Bourdoise de lui former des maîtres pour leur confier ensuite la première éducation de l'enfance. Il promit de consacrer 800 écus à l'établissement de cette maîtrise. La mort ne laissa pas à Augustin Potier le temps de réaliser son dessein (1).

Son successeur Nicolas Choart de Buzenval reprit le projet. Son but, en fondant un petit séminaire, fut autant de fournir des clercs à l'église que des maîtres pour l'enseignement. Il y éleva de jeunes enfants venus de toutes les régions du diocèse. Leur formant le cœur et l'esprit en même temps, il les rendit aussi habiles dans les sciences profanes que dans les sciences sacrées, afin de pouvoir les employer ensuite à la conduite et à l'instruction des autres. Cet établissement si beau et si utile finit néanmoins avec lui (2).

7. *La multiplicité des écoles paroissiales.* — Toutes les paroisses des diocèses de Beauvais, Noyon

(1) DELETTRE, *Hist. du dioc. de Beauvais*, t. III, p. 432.

(2) E.-P. MÉSENGUI, *Idée de la vie et de l'esprit de Mre Nicolas Choart de Buzenval*, 1717.

et Senlis avaient-elles leurs écoles avant la Révolution ? Nous ne voulons pas l'affirmer absolument, n'ayant pu réunir encore tous les éléments nécessaires à une complète vérification. Toutefois les registres de catholicité que nous avons déjà dépouillés nous permettent de dire que, partout à la campagne, nous avons trouvé des écoles, dès le milieu du XVIIe siècle. Parcourons, si vous le voulez, les villages situés entre Compiègne et Pont-Sainte-Maxence. Petits et grands, tous peuvent établir leur liste de maîtres d'école, en remontant aussi loin que le permettent les registres.

A Venette, paroisse de 580 habitants (1), nous aurons :

1668, Antoine Duquesnay ;
1705, Jean Conin ;
1740, Louis Conin.

A Jaux (1120 habitants) :

1714-1715, Nicolas Tirlet ;
1759-1792, Louis - Philbert Batton ;

A Jonquières (568 habitants) :

1655, Thomas Piettre ;
1672, Antoine Legrand ;
1680, A. Brunel ;
1681, Claude Poirnieur ;
1686, Pierre Dutilloy ;
1702, Simon Ancel ;
1719-1746, Honoré Goyer ;
1746-1760, Louis Batton ;
1761-1768, Jacques Boulanger ;
1768-1792, Pierre Maréchal.

A Armancourt (393 habitants) :

1674, Pierre Séné ;
1696, Adrien Becquerel ;
1744, Noël Becquerel ;
1791, François Charles Becquerel.

Au Meux (996 habitants) :

1689-1724, Antoine Boursier ;
1724-1740, Nicolas Mérien ;
1740-1793, Louis Mérien, fils de Nicolas.
1793 Jean-Claude Mérien, fils de Louis ;

A Rivecourt (285 habitants) :

1700, Jacques Pecquet ;
1709, François Antoine ;
1710, François Becquerel ;
1744, Thomas Lecomte ;
1776, Jean-Nicolas Devert ;
1784, Louis-Pierre Trocquet.

(1) Nous indiquons ici la population d'après le *Dénombrement du Royaume par Généralités, année 1720.*

A Longueil-Sainte-Marie (600 habitants) :

1667, Guillaume Griset ;
1689, Robert Griset, fils de Guillaume ;
1705, Hugues-François Dottin ;
1717, Louis Leroy ;
1721, Sulpice Griset ;
1739, Pierre Mullier ;
1751, Louis de May ;
1754, Simon Ducrocq ;
1762, Antoine Griset.

A Rucourt (165 habitants) :

1663, Denis Brunet ;
1710, Etienne Prévost ;
1737, Louis Bocquillon ;
1743, Jean-François Mallet ;
1746, S. Languepin ;
1761, Martin Niquet.

Au Fayel (230 habitants) :

1658, Robert de Berthellemy ;
1712, Thomas Boursier ;
1716, Pierre Formentin ;
1728, Pierre Marchois ;
1737, Pierre Filion ;
1791, Pierre Vinet.

A Chevrières (667 habitants) :

1627, Jean Levasseur ;
1652, Jean Levasseur, fils ;
1656, Jean Mareschal ;
1684, Louis Prosnier ;
1695, Pierre de Hautpas ;
1699, Claude Prévost ;
1705, Jean-Baptiste Prosnier, fils de Louis ;
1746, Jean François Mallet ;
1750, Claude Coppy ;
1756, Antoine Loire ;
1786, Pierre Sylvestre Loire, fils d'Antoine.

Au Grand-Fresnoy (1036 habitants) :

1630, Méry le Vielle ;
1633, Denis Sturbe ;
1682, Adrien Boitel ;
1718, Philippe Dervillez ;
1740, Etienne-François Dhersigneries ;
1776, Pierre Billot.

A Sacy-le-Petit (240 habitants) :

1673, Denis Ducrocq ;
1691, François Antoine ;
1750, Charles Vinet.

A Houdencourt (262 habitants) :

1662. Pierre Leviel ;
1675, Etienne Carpentier ;
1676, Philippe Goulay ;
1678, Etienne Leviel ;
1682, Antoine Delattre ;
1688, Gilles Maupin ;
1739, Philippe Louis ;
1744, Charles Gargant ;
1746, Jacques Louvet.

A Bazicourt (136 habitants) :

1635, Denis Ducrocq ;
1662, Daniel Ducrocq ;
1680, Jean Driencourt ;
1684, Charles Antoine ;
1739, Charles Gargant ;
1760, Nicolas Boucher ;
1783, Nicolas Boucher, fils.

A Saint-Martin-Longueau (106 habitants) :

1675, Antoine Ducrocq ;
1709, Derviliez ;
1714, Charles Berton ;
1718, S. Griset ;
1722, Philippe Borée ;

1746, Morlière ;
1752, Antoine Griset ;
1759, Antoine Borrée ;
1769, Aubert.

Aux environs de Beauvais l'inspection des registres de catholicité donnera les mêmes résultats.

A Marissel (642 habitants). Les maîtres d'école sont :

1700, Charles Acher ;
1706, Charles Acher, fils ;
1738-1749, Simon Acher ;
1749-1774, Gilles Trupty ;

1779, Duhamel ;
1782-1788, Charles - Augustin Tavernier.

A Notre-Dame-du-Thil (791 habitants) :

1693-1694, Jean Bourgoin ;
1725-1739, Claude Baillehastre;

1770, Julien le Certisseur ;
1783, Villemar.

A Verderel (428 habitants) :

1613, Jean Lemoyne ;
1680, François Delannoy ;
1688, Jean Lemaire ;
1690, Jean Leleu ;

1704, Jacques Delannoy ;
1746, Quentin Delannoy, fils de Jacques ;
1794, Adrien Duval.

A Herchies (228 habitants) :

1696, Antoine Gérard ;
1697-1700, François Lefebvre :
1707-1709, Noël Delacour ;
1709-1711, Nicolas Testard ;
1712, Toussaint Dallenne ;

1712, Claude Delaplace ;
1713-1724, Denis Sonnet ;
1724 1770, Louis Omont ;
1770-1790, Louis Omont, fils.

A Auteuil (335 habitants) :

1670-1705, Pierre Delafontaine;
1705 1713, Mullot;
1713-1716, Martin Dubois ;
1716-1720, François Gransier;
1720-1735, Pierre Hubaine ;

1735-1753, Nicolas Legrand ;
1753-1757, Laurent Patin ;
1757-1795, Pierre Gautier ;
1795-1800, Etienne Héronare ;

A Berneuil (480 habitants) :

1721-1722, Simon Gavois ;
1722-1733, Louis Commelin ;
1737, Tassart ;

1738, Augustin Lebesgue;
1742, Charles Pillon ;
1747-1793, Laurent Thevet.

A la Neuville-en-Hez, au chœur de l'église, sur l'un des contreforts méridionaux, fut mise, à la fin du XV⁰ siècle, une curieuse inscription en lettres gothiques, à la mémoire d'un maître d'école du village, né dans la paroisse.

Nous la traduisons :

EPITAPHE

De Jean Brassart, Maitre des Ecoles de la Neuville.

Après avoir été habitué à faire entendre ma voix terrible aux enfants, enfermé dans ce tombeau, je suis cendre, ossements, néant.

A 50 ans révolus, j'ai obtenu la main d'une épouse vertueuse. Cette compagne que les destins m'ont donnée a fait la gloire de son mari.

Qui que vous soyez, adressez pour nous au Ciel de très ferventes prières. Salut.

Qu'ils reposent en paix. — Ainsi-soit-il.

Il mourut le premier avril 1488, avant Pâques.

Le texte vaut la peine d'être reproduit, le voici :

P. Joannis Brassart gymnasiarchæ Neopagensis.
Epigramma.
Qui solitus tantam (vocem ?) pueris vibrare tremendam,
Hoc clausus tumulo, sum cinis, ossa, nihil.
Consortem thalami, lustro decies revoluto,
Criminis expertem, vivus ego obtinui.
Patronale decus, comitem mihi fata dederunt.
Suspice (ou suscipe), quisquis ades, ter pia vota ; vale.
Requiescant in pace. Amen.
Obiit lat. (pour cal.) april. 1488, ante Pasca (1).

Citons encore à Baugy, de 1672 à 1679, Charles Boucher « clerc maistre d'école », de 1735 à 1739, Claude Baugy, de 1739 à 1742, Louis-Joseph Henniet, en 1743, François Fixon ; — à Monchy-Humières de 1679 à 1681, François Longavesne « clerc et maistre d'école séculier », de 1681 à 1690, François Pianteaux, en 1738, Denis Brache ; — à Ressons de 1740 à 1744, Joseph Nuncq, de 1744 à 1747, Pierre Noiret.

Dans le Vexin français, au diocèse de Rouen, chaque village a aussi son maître d'école. — A La Bosse, nous trouvons, en 1671, Dumontier, en 1684, Des-

(1) Graves, Stat. Clermont p. 125.

hayes, en 1697, Masurier, etc.; — à Flavacourt, en
1672, J. Petit, en 1701, P. Petit, etc.; — au Vaumain,
en 1673, Jean Marianval, en 1706, Martin Fillion, etc.

Allons au diocèse de Senlis. « Quelques recherches dans les mairies de l'arrondissement, nous dit
M. l'abbé Vattier (1), permettraient de constater que
l'instruction primaire existait dans la plupart des
communes, j'oserais dire dans toutes.... J'ai pu examiner à loisir les registres des naissances et baptêmes de Saint-Léonard et de Courteuil. Ils affirment,
les uns depuis 1662, les autres depuis 1692, la présence des clers-laïques qui, évidemment, étaient les
maîtres d'école... À côté du curé dont l'écriture
n'était pas toujours élégante on rencontre le plus
souvent un nom soigneusement peint, pourrions-
nous dire, avec une griffe plus ou moins lestement
jetée, celui du clerc-laïque, maître d'école. A Saint-Léonard (312 hab.), en 1668, c'était Nicolas Obin, auquel
succéda bientôt Adrien Obin. Les premiers paraphes
de celui-ci sont soigneusement moulés, puis ils sont
négligés, et à la belle gothique succéde une écriture
lâche et sans caractère qui se confond avec les signatures des gens moins lettrés. Puis viennent Nicolas
Feragus, Jean Feragus, Petit, etc. etc. »

Ces observations sont applicables à tous les registres qu'il nous a été donné de parcourir, n'importe à
quelle région ils appartiennent.

Avant de nous rendre dans l'ancien diocèse de
Noyon, vous plaît-il de visiter, à la suite de M. l'Archiviste de l'Oise (2) quelques paroisses du Soissonnais ? Là encore, nous trouverons des maîtres d'écoles : — A Saint-Crépin-aux-Bois, de 1732 à 1738, Antoine Despierres ; en 1743, Gervais Delacroix, etc. ;
— A Berneuil-sur-Aisne, en 1675, Nicolas Picard ; en
1681, Adrien Carier ; de 1688 à 1692, Maillot, etc.
— A Cuise-la-Motte, mourait, le 2 février 1673, Jean
Bourdon « maître d'escolle de la paroisse » ; en 1739
Pierre Personne était « clerc et maistre d'escolle. —

(1) L'abbé A. VATTIER, L'Instruction à Senlis et dans le diocèse avant
la Révolution. Comité archéol. de Senlis, 2e série, t. IX, p. 93.

(2) COUARD-LUYS, Rapport au Préfet de l'Oise, 1883.

A Couloisy residait, en 1696, la veuve de Jean Maillart, ancien magister de la paroisse. — A Courtieux, le maître d'école était, en 1694, Jean Crépin ; en 1699, Jean Lombard, etc. — A Bitry, Nicolas Desmarest était maître d'école et clerc laïque de 1781 à 1790. — A Saint-Pierre-lès-Bitry, nous trouvons, en 1722, Jean Osselin ; en 1723, Pierre Gosse ; en 1726, Antoine de Pierre ; en 1748, Nicolas Guérin ; en 1749, Jean-Louis Gille qui prend le titre de recteur des écoles, etc. — A Moulin-sous-Touvent, en 1751, Charles-François Blave, qui mourut le 20 février 1757 ; en 1765, Jean-Jacques Leroy, etc. — A Nampcel, de 1674 à 1677, Henri Delatran ; de 1677 à 1685, Dijon ; de 1685 à 1688, Maillot ; de 1688 à 1718, François Lebel, etc.

Arrivons au diocèse de Noyon. Un coup d'œil jeté sur les registres de catholicité nous fera voir comme maîtres d'école : — A Chiry, en 1674, Simon Paillet. — A l'Arbroye, de 1671 à 1678, Antoine Quiou ; en 1698, Antoine Remy. — A Beaurains, en 1685, François Thourelle, décédé le 18 mars 1703. — A Catigny, en 1706, Jacques Hiez. — A Campagne, en 1694, Louis Gacquerel ; en 1706, Charles Picard. — A Candor, en 1750, Simon Rouge; en 1760, Eloi Langlet ; en 1761, Etienne-Alphonse Levair. — A Ognoles, de 1677 à 1688, Robert Husson. — A Golancourt, de 1750 à 1758, Claude Mascret ; de 1758 à 1776, Martial Rouilliart ; en 1777, Charles-François Durosoy. — A Villeselve, de 1755 à 1759, Charles-Louis Margottet. — A Ognes, en 1683, Jean Dupuis.

M. l'abbé Boulenger, curé-doyen de Ribécourt, nous a très obligeamment envoyé une liste des maîtres d'école de sa paroisse. Nous lui disons merci en la publiant :

1671-1672, Adrien François ; 1746-1766, François Roquart ;
1672-1675, Laurent Vaillant ; 1766-1768, Jean-Louis Déjardin ;
1676-1731, Pierre François ; 1769-1800, François Ballédant.
1731-1746, Pierre Martin.

Finissons notre examen. Nous pourrions, il n'est plus possible d'en douter, établir autant de listes de maîtres d'école qu'il y avait d'églises dans les anciens

7

diocèses de Beauvais, Noyon et Senlis. Il suffirait d'avoir la patience de dépouiller tous les registres de catholicité. Nous avons particulièrement insisté sur les petites paroisses. Comme on a pu le voir, en 1720, Armancourt avait seulement 393 habitants, Rivecourt 285, Rucourt 165, Fayel 230, Houdencourt 262, Bazicourt 136, Saint-Léonard 312, Beaurains 128, l'Arbroye 184, Catigny 204, Campagne 112, Golancourt 208, Villeselve 224. Tous ces villages cependant avaient leur école.

Dans les villes, outre les collèges, il y avait des écoles particulières, où l'on donnait l'enseignement élémentaire. Ces écoles, sur la demande des maîtres, étaient autorisées par le lieutenant de police. Les maîtres devaient obtenir l'approbation épiscopale. Chaque paroisse avait ses écoles spéciales, entretenues soit par les fabriques, soit par des assemblées de charité.

Beauvais possédait une école annexée à la Basse-Œuvre dès 1541. Son école des hospices est connue.

A *Senlis* on trouve une école pour les pauvres en 1179. A Senlis encore, Gabriel Foulon, maître écrivain, originaire de la ville, ouvre une école en 1630, après en avoir préalablement demandé la permission. Dans la même ville, en 1687, Afforty signale « un écrivain et arithméticien ». Notons également l'école de l'Hôtel-Dieu ou de la Charité (1).

Compiègne eut des écoles de charité, fondées par l'abbé Marc-Antoine Hersen, ancien professeur de rhétorique au collège du Plessis et au collège de France, maître de Rollin, protégé de Louvois. Ces écoles furent établies dans la paroisse de Saint-Antoine, non loin de l'église. L'abbé Hersen était originaire de Compiègne. Il semble n'être venu se retirer dans sa ville natale que pour s'y vouer à l'instruction des enfants pauvres. En 1718, il fit construire une maison pour y loger le directeur de ses

(1) L'abbé MULLER, *Rues, Places*, etc. *de Senlis*. Art. *Ecoles*.

écoles et le vicaire de la paroisse. L'administration
de cette œuvre charitable fut confiée au curé et aux
marguilliers de Saint-Antoine. L'abbé Hersen mourut
le 11 octobre 1724 (1). L'école mutuelle, dite école
Hersen, occupe aujourd'hui l'emplacement des anciennes écoles de charité.

N'oublions pas l'école établie à l'Hôpital général
fondé en septembre 1663, ni celle de l'Hôtel-Dieu ou
Saint-Nicolas-du-Pont, depuis sa réformation, sous
le règne d'Henri IV, par Marie Bourdet.

Noyon eut aussi son école des pauvres, dans l'Hôtel-
Dieu, fondé en 1178.

A *Saint-Quentin*, en 1704, une école gratuite pour
les enfants pauvres de toutes les paroisses de la ville
fut établie et placée sous la direction du Bureau de
charité. Déjà antérieurement, il existait une école pour
les enfants pauvres de la paroisse de Saint-André.
On la réunit à la nouvelle institution.

8. *Les écoles de Filles.* — L'évêque de Beauvais,
Nicolas Choart de Buzenval prescrivit, comme nous
l'avons vu, la création d'écoles de filles dans toutes
les paroisses de son diocèse, capables de s'imposer
cette charge. Il interdit en outre l'admission, sous
quelque prétexte que ce fût, des enfants des deux
sexes dans la même école, sauf dans les petites
localités. Et comme en plus d'un gros village on
éluda ses ordres, en faisant de belles promesses
qu'on ne réalisait jamais, il finit par recourir aux
moyens de rigueur. Par ordonnance du 14 octobre
1677, il défendit sous peine d'excommunication,
dans les lieux où il y avait des écoles distinctes, aux
instituteurs de recevoir des filles, et aux institutrices
de recevoir des garçons. La peine était encourue
aussi bien par les parents que par les maîtres et
maîtresses. Ce fut à la suite de ce mandement qu'en

(1) *Mémoire pour le curé et les marguilliers de St-Antoine,* contre Jean
Marie Gabriel, relativement à la cour des écoles dont ce dernier voulait
s'emparer, 1752. — GRAVES, *Stat. Compiègne,* p. 121.

la paroisse de Saint-Leu-d'Esserent on établit une école exclusivement pour les filles (1).

Le cardinal de Forbin-Janson renouvela, au synode de 1699, les prescriptions de son prédécesseur.

A Noyon, une ordonnance semblable fut publiée, en 1673, par l'évêque François de Clermont-Tonnerre. En 1680, le même prélat invita les curés à « élever, attirer et faire entretenir des maîtresses d'école, afin que les filles fussent mieux enseignées. » Mais ce fut Charles-François de Chateauneuf de Rochebonne qui prit, ce semble, les mesures les plus efficaces pour obtenir la création de nombreuses écoles de filles dans son diocèse et en assurer la prospérité.

Nous reproduisons son mandement en entier à raison des précieux renseignements qu'il nous donne.

CHARLES-FRANÇOIS DE CHATEAUNEUF DE ROCHEBONNE, par la grâce de Dieu, évêque-comte de Noyon, pair de France, aux curés et aux fidèles de notre diocèse, salut et bénédiction. Comme l'instruction de la jeunesse est un des plus importans devoirs de la sollicitude pastorale, et qu'un des principaux moyens de la procurer est d'établir des petites écoles où il en manque, et de soutenir celles qui sont établies, nous sommes obligé d'employer tout ce qui peut dépendre de nous pour contribuer à cette œuvre aussi sainte que nécessaire. Nous avons des écoles suffisantes dans toutes les villes de notre diocèse. Toutes les paroisses de la campagne ont aussi des maîtres d'école pour l'instruction des garçons auxquels les fabriques et les habitans fournissent la subsistance. Le plus grand besoin est l'instruction des filles de la campagne où nous avons établi plusieurs maîtresses d'école que nous faisons former dans la communauté des Nouvelles Catholiques de la Sainte Famille de Jésus de cette ville, comme dans un séminaire ; plusieurs paroisses en manquent encore par le défaut de moyens de les faire subsister. Nous désirons cependant d'éviter une imposition annuelle de cent livres sur les habitans de chaque paroisse pour la subsistance d'une maîtresse d'école ainsi qu'il a plu au Roi de l'ordonner par sa déclaration du 14 mai 1724 ; à moins que cette imposition ne devienne absolument nécessaire en quelques paroisses. Nous aimons mieux, pour le soulagement des peuples, essayer de trouver de quoi donner du pain à une maîtresse d'école et quelque somme modique pour se procurer un logement

(1) DELETTRE, Hist. du dioc. de Beauvais, t. III, p. 524.

et quelques douceurs, sur les revenus de la fabrique et sur le bien des pauvres, où il y en a, à la charge d'enseigner gratuitement les pauvres filles, sans préjudice à un honoraire plus grand dans les lieux où il y a du bien de la commune ou autres moyens. C'est pourquoi après avoir examiné les procès-verbaux de visite de paroisses de notre diocèse, et entendu les curés présens en notre synode général tenu le trois de ce mois, nous ordonnons que les marguilliers et receveurs du bien des pauvres des paroisses de notre diocèse de la Généralité de Soissons, contenues au présent état, paieront chaque année à la maîtresse d'école approuvée de nous, le blé et l'argent ci-après marqués, en deux termes égaux de la Toussaints et de Pâque, à commencer à la Toussaints mil sept cents vingt-quatre.

(Ici était inséré l'état des paroisses et des redevances.)

Ce qui sera exécuté, jusqu'à ce qu'il y ait d'autre fonds ou qu'il y ait été autrement pourvu et ordonné ; et en cas que dans quelques-unes des paroisses contenues au présent état, il n'y ait point encore de maîtresse d'école, l'argent avec le prix du blé ci-dessus ordonné pour sa subsistance restera entre les mains des marguilliers solvables, pour être employé à l'acquisition d'une maison pour l'école des filles, sauf à pourvoir en la manière ci-dessus ou autrement à l'établissement des maîtresses d'école dans les autres paroisses qui en manquent et qui ne sont pas comprises au présent état, et à augmenter ou diminuer l'honoraire ci-dessus réglé selon les besoins et les moyens qui se trouveront.

Donné à Noyon, en notre palais épiscopal, le huit octobre mil sept cents vingt-quatre.

Signé . ✠ CHARLES-FR. Evêque-C. de Noyon.
Et plus bas : Par Monseigneur, MONTERRAT.

Les intendants des généralités de Soissons et d'Amiens prêtèrent main-forte à l'évêque de Noyon pour faire observer ses prescriptions. Ils intervinrent même dans la fixation des sommes que les paroisses devaient payer à leurs écoles de filles sur leurs revenus communaux.

Voici les ordonnances de l'Intendant de Soissons publiées à la suite du mandement épiscopal :

GÉNÉRALITÉ DE SOISSONS.

PHILBERT ORRY, chevalier, comte de Vignory, conseiller du Roi en ses conseils, Maître des requêtes honoraire de son Hôtel, Intendant de Justice, Police et Finances de la Généralité de Soissons. Vu l'ordonnance ci-dessus de M. l'Evêque-comte de Noyon, Pair de France, nous enjoignons à nos subdélégués de tenir la main à l'exécution de la présente ordonnance chacun en ce qui concerne les paroisses de leur subdélégation.

Fait à Noyon, ce 15 octobre mil sept cents vingt-cinq.

Signé : ORRY

Et depuis, vu par nous Philbert Orry, chevalier, comte de Vignory etc......la déclaration du Roi du 14 mai 1724, par laquelle Sa Majesté a ordonné qu'il serait établi des Maîtres et Maîtresses d'Ecole, dans toutes les paroisses où il n'y en a point, et que dans les paroisses où il n'y aura point de fonds pour leur subsistance, il puisse être imposé annuellement cent cinquante livres pour les maîtres d'école et cent livres pour les maîtresses d'école ; — l'ordonnance de M. l'Evêque-comte de Noyon, Pair de France du 8 octobre 1724, portant qu'il sera payé aux maîtresses d'écoles des paroisses y énoncées sur les reverts de chaque fabrique une certaine quantité de grains pour subvenir à leur subsistance, — et attendu que cette rétribution est pas suffisante et que plusieurs desdites communautés ont des revenus de biens communaux sur lesquels il convient d'en destiner une partie pour le surplus de la subsistance des maîtresses d'école au lieu d'une imposition annuelle ordonnée par la déclaration du Roi, — vu l'état des revenus des biens communaux desdites paroisses, — nous, Intendant et commissaire susdit, ordonnons qu'il sera payé annuellement sur les revenus des biens communaux des paroisses ci-après dénommées aux maîtresses d'école qui y sont ou y seront établies en exécution de la déclaration du Roi du 14 mai 1724 les sommes par nous réglées, et ce à commencer du 1er janvier 1726, sçavoir par les habitans de la paroisse de. . . .

. . . . au paiement desquelles sommes le syndic et habitans de chacune desdites paroisses seront contraints par toutes voies dues et raisonnables jusqu'à ce qu'autrement par Sa Majesté en ait été ordonné : Enjoignons à nos subdélégués de Noyon et de Chauni de tenir la main à l'exécution de la présente ordonnance, chacun en ce qui concerne les paroisses de leur subdélégation. Et sera la présente ordonnance lue et publiée à l'issue de la messe paroissiale desdits lieux et exécutée nonobstant oposition ou apellation quelconques.

Fait à Soissons ce quinze décembre mil sept cents vingt-cinq.
Signé : ORRY.   *Et plus bas .* Par Monseigneur, LOISON.

Une ordonnance de Bernard Chauvelin, chevalier, seigneur de Beauséjour, conseiller d'Etat, Intendant de Picardie, Artois, Boulonnais, Pays conquis et reconquis, enjoint aux marguilliers des paroisses de la généralité d'Amiens d'exécuter l'ordonnance de l'Evêque-comte de Noyon, selon sa forme et teneur, et à ses subdélégués des élections de Péronne et Saint-Quentin, d'y tenir soigneusement la main. Cette ordonnance est datée d'Amiens le 2 avril 1726 (1).

(1) *Extrait du Psautier distribué suivant le nouveau Bréviaire de Noyon, à l'usage des ecclésiastiques du diocèse,* imprimé par ordre de Monseigneur J. FR. DE LA CROPTE DE BOURSAC, Noyon 1780. Supplément.

L'état général dont il est parlé au cours du mandement nous est inconnu. On en pourra néanmoins juger par l'état spécial suivant (1) qui fut envoyé à la paroisse de Beuvraignes :

PAROISSE DU DOYENNÉ DE NESLE
BEUVRAINE.

Le Marguillier de la paroisse de Beuvraine payera la somme de trente livres à la maîtresse d'école et les douze septiers de blé, mesure de Roye, donnés par Marie-Anne la Fosse, pour ayder à sa subsistance, outre la part et portion dont elle jouira dans les biens communaux partagés à chacun des habitans.

Les lettres d'institution délivrées à Marguerite Bellet, institutrice, maîtresse d'école de la paroisse de Beuvraignes, vont nous faire connaître la formule adoptée par l'évêque de Noyon pour toutes les provisions du même genre.

Institution de Maîtresse d'école du diocèse de Noyon.

CHARLES-FRANÇOIS DE CHATEAUNEUF DE ROCHEBONNE, par la grâce de Dieu, évêque-comte de Noyon, pair de France aux Curés et aux Fidèles de notre diocèse, salut et bénédiction.

Comme l'instruction de la jeunesse est l'un des plus importans devoirs de la solicitude pastorale, nous avons un grand intérêt de choisir avec une attention particulière les personnes capables d'instruire les enfans dans la connoissance, la crainte et l'amour de Dieu ; dans l'espérance que *Marguerite Bellet, native de Morlancour,* s'acquitera dignement de ce saint employ, nous l'avons instituée et instituons maîtresse d'école de la paroisse de *Beuvraine, doyenné de Nesle,* de notre diocèse, et luy donnons pouvoir d'y tenir école publique pour l'instruction seulement des filles jusqu'au premier jour du mois de septembre de l'année prochaine, lui défendons d'y recevoir aucuns garçons, ni de les enseigner ailleurs, sous peine d'interdit pour toujours, recommandons aux Curés, Juges et Habitants des lieux de la faire jouir des droits, prérogatives, gages, profits et émoluments atachés à cette charge, lui enjoignons d'exécuter avec une fidélité exemplaire les règlements de notre diocèse de l'année 1700 pour les maîtresses d'école et de les représenter dans les Visites, sous peine d'interdit; Défendons à tous autres de s'immiscer dans cette fonction sans notre permission par écrit.

Donné à *Noyon sous le seing du Supérieur des Petites Écoles de notre diocèse,* ce *vingt-cinq* du mois de *septembre* mil sept cent *vingt-neuf.*

Signé : LUCAS.
Pour Monseigneur : LEGRAND.

(1) *Arch. de l'Oise,* G. 558.

L'évêque de Senlis ne déploya pas moins de zèle que ses collègues de Beauvais et de Noyon pour l'instruction de la jeunesse des deux sexes. Nicolas Sanguin, qui occupa le siège épiscopal de Saint-Rieul, de 1623 à 1651, fit, le 23 juillet 1641, le mandement suivant, pour interdire les écoles mixtes et provoquer la création d'écoles spéciales pour les filles :

NICOLAS SANGUIN, par la volonté de Dieu et la grâce du Saint-Siège apostolique, évêque de Senlis, à tous ceux qui ces présentes lettres verront, salut et bénédiction en Notre Seigneur. Ayant depuis quelque temps reconnu qu'en quelques écoles de notre diocèse, les enfants de l'un et l'autre sexe sont indifféremment admis et enseignés par mêmes maîtres et maîtresses, ce qui donne lieu à plusieurs notables inconvénients, dont les exemples sont trop ordinaires, et considérans aussi combien il importe à l'éducation de la jeunesse que les personnes emploiées à cette fonction soient douées des qualités à ce requises, l'expérience nous faisant assez connaître ce que ceux qui donnent les premières instructions aux enfants peuvent sur leur esprit, en cet âge tendre et flexible, d'où la discipline des bonnes mœurs et signamment la religion, de laquelle par le devoir de notre charge nous sommes obligé de prendre en particulier soin, peuvent recevoir très grand préjudice, nous, pour ces causes, et en conséquence de nos mandements, ci-devant publiés à ce même effet, avons par ces présentes fait, et faisons, très expresses inhibition et défenses à tous les hommes d'iceluy notre dit diocèse de tenir écolles de filles et pareillement aux femmes d'exercer les susdites fonctions à l'égard des garsons de quelque âge et condition que soient les dits enfants, et tant ausdits enfants, maîtres et maîtresses, de recevoir les garsons et filles en mêmes écoles, qu'aux pères et mères ou autres ayant charge d'iceux enfants, de les envoier, à peine d'excommunication, défendons aussi à toutes personnes sous ces mêmes peines de quelque qualité et condition qu'elles soient, de s'ingérer en la tenue des dites écoles aux villes de Senlis et de Crespy, sans permission de nous ou de nos vicaires, et en tout autres lieux de notre diocèse, sans pareille permission des curés des lieux auxquels nous en avons commis et commettons la direction, et enjoignons de nous avertir de la contravention aux dites défenses, et à notre promoteur de tenir la main à l'exécution des présentes ; et à ce que personne n'en puisse prétendre cause d'ignorance, avons ordonné qu'elles seront publiées par trois dimanches consécutifs, aux messes paroissiales de notre dit diocèse.

. . . .

Déjà, antérieurement à ce règlement, le 26 mai 1641, l'official Germain avait dû rendre une sentence contre le nommé Antoine Fuirau, lui interdisant de recevoir des filles dans son école. Il se pourrait que la conduite de Fuirau ait servi de motif déterminant à la publication de l'ordonnance dans tout le diocèse (1).

Les écoles se multiplièrent sous l'influence de ces ordonnances sans cesse réitérées, mais longtemps les maîtresses firent défaut. Les gros villages seuls réussirent à vaincre tous les obstacles de prime abord. Les autres paroisses au contraire durent attendre que les communautés religieuses, fondées spécialement pour l'éducation de la jeunesse, fussent en mesure de leur fournir des institutrices. Les villes ont toujours bénéficié largement des écoles des congrégations, tandis que les campagnes voyaient souvent des années s'écouler avant qu'on ne leur envoyât les maîtresses qui leur étaient promises.

Les listes d'institutrices sont bien plus difficiles à établir que celles des maîtres d'école. Ces derniers figurent presque à chaque page des registres de catholicité, autant comme clercs laïques que comme témoins.

Les mentions d'institutrices sont au contraire plus rares. Il fallait une occasion toute spéciale pour inscrire leur nom dans les actes.

A Plailly, nous trouvons à la tête de l'école des filles en 1669, Antoinette Aubry ; en 1704, sœur Troussu ; en 1732, sœur Bernier.

Chevrières avait pour maîtresse d'école en 1682, Anne Delafontaine.

A Berneuil, près Beauvais, l'école de filles était dirigée en 1756 par sœur Françoise Barbier, qui mourut le 15 juillet 1780. Une autre religieuse la remplaça jusqu'à ce que la Révolution vint l'expulser.

A Ribécourt, Marie-Anne Ledoux, institutrice, tenait sur les fonts du baptême, en 1761, Jean-Baptiste Roquart, le fils du *magister*.

La sœur Clément tenait l'école de Bresles en 1781.

(1) A. VATTIER, *op. cit.* p. 91.

A Ville, près Noyon, la directrice fut de 1785 à 1790, Marie-Anne Leroy.

A Verberie, le 29 avril 1793, on enregistra officiellement l'expulsion « de la citoyenne Lalouette, ci-devant sœur de l'Enfant-Jésus, chargée de l'éducation des jeunes filles. » La municipalité agissait « en conséquence du décret du 18 aout 1792, qui supprime les congrégations séculières et régulières de l'un et l'autre sexe. »

Nous verrons, en parlant du traitement des maitresses, comment les fondations charitables ont contribué à la multiplication des écoles de filles.

9. L'enseignement dans les écoles paroissiales.
L'enseignement dans les paroisses rurales était généralement le même que celui qu'on y donnait naguère encore. L'esprit pratique de nos pères n'aurait jamais songé aux superfétations dont on veut encombrer l'enseignement primaire aujourd'hui. La lecture, l'écriture et le calcul formaient avec le catéchisme, l'histoire sainte et l'histoire de France, les exercices principaux de l'école. On n'apprenait guère à écrire aux filles. Cette science semblait superflue pour le soin d'un ménage. Aussi voit-on rarement les femmes signer dans les actes publics. Les hommes sachant écrire étaient aussi nombreux qu'à notre époque, si nous en jugeons par les registres de catholicité qu'il nous a été donné de parcourir.

A Chevrières sur 92 personnes qui figurent aux actes de l'année 1648, 48 ont signé et 44 dont 37 femmes ont fait une marque. En 1683, sur 100 personnes, 64 ont signé et 36 dont 25 femmes se sont abstenues. En 1684, sur 122 personnes, 75 ont signé et 47 dont 36 femmes ont usé d'une marque. 42 mariages ont été célébrés de 1686 à 1690. Les époux qui ont signé sont au nombre de 33 et les épouses au nombre de 3. On compte, aux 28 mariages qui ont eu lieu de 1786 à 1790, 18 signatures d'époux et 5 d'épouses.

Au Fayel, sur 34 personnes inscrites comme témoins dans les actes de catholicité en 1659, 21 signent et 13, dont 11 femmes, font leurs marques; les 7 baptèmes de l'année 1669 sont signés par les

7 parrains et par une marraine seulement ; aux 34
actes tant de baptêmes que de mariages rédigés en
l'espace de six ans, de 1675 à 1680 inclusivement,
figurent comme témoins 85 personnes, parmi les-
quelles 53 signent et 32, dont 26 femmes, font leurs
marques ; aux 8 mariages célébrés dans l'espace
de cinq années, de 1686 à 1690 inclusivement, nous
trouvons la signature de 7 époux et celle de 2 épouses
seulement ; les 8 mariages célébrés cent ans plus
tard, de 1786 à 1790 inclusivemement, ne nous
donnent la signature que de 5 époux et une épouse.

Au Grand-Fresnoy, 60 baptêmes furent enregistrés
dans les années 1674 et 1675. On y voit la signature
de 45 parrains et celles de 6 marraines seulement.
Cent ans après, en 1774 et 1775, nous trouvons
75 baptêmes et les signatures de 52 parrains et de
21 marraines. Dans la même paroisse, 55 mariages
ont été célébrés de 1685 à 1690 inclusivement. Les
actes portent les signatures de 41 époux et de 2
épouses. Un siècle plus tard, de 1785 à 1790 inclusivement, 53 mariages nous donnent les signatures
de 31 époux et de 26 épouses.

A Houdencourt, nous avons 10 baptêmes en 1682
avec la signature de 9 parrains et la marque de 6
marraines. Aux 8 mariages célébrés de 1686 à 1690
inclusivement, on peut constater que 6 époux ont
signé, et que toutes les épouses ont fait leur marque.
Onze mariages ont eu lieu dans la période corres-
pondante, un siècle après, c'est-à-dire de 1786 à 1790
inclusivement ; 9 époux y ont apposé leur signature
et 8 épouses leur marque.

Rucourt eut 14 baptêmes en 1659 ; 13 parrains ont
signé et 12 marraines ont fait leur marque. 24 baptêmes ont été enregistrés dans cette paroisse de 1675
à 1680 inclusivement. On y trouve la signature de
26 parrains et celle de 3 marraines. En ces mêmes
années ont été célébrés également à Rucourt 7 mariages. 5 époux ont signé. Toutes les épouses ont
fait leur marque. Cent ans plus tard, de 1775 à 1780
inclusivement, ont eu lieu 8 mariages. Les actes
portent la signature de tous les époux et celle de
deux épouses seulement.

10. *Traitement des Maîtres et des Maîtresses d'é-
cole. — Donations en faveur des écoles. — Gratuité de
l'enseignement dans beaucoup de villages.*

Trois éléments constituaient ordinairement le traitement du clerc-laïque, maître d'école.

Comme clerc-laïque, il avait d'abord une part dans
le revenu des obits et fondations. La fabrique la lui
payait sous forme de rétribution fixe ou suivant les
indications de l'obituaire, mais toujours à la condition d'acquitter les charges imposées par les fondateurs. Aussi dans certains villages, comme Notre-
Dame-du-Thil, chantait-il la messe presque tous les
jours avant l'arrivée des écoliers. Les marguilliers de
Savignies, près Beauvais, payaient au clerc-laïque
80 livres ; ceux de Plailly, deux setiers de blé pris
sur les 16 setiers qu'ils recevaient du Chapitre de
Saint-Frambourg, de Senlis, gros décimateur du
territoire ; ceux de Verberie 44 livres ; ceux de
Chevrières 34 livres, etc.

Comme maître d'école, le clerc-laïque touchait
deux rétributions. L'une lui était payée par chaque
ménage et l'autre par chaque élève suivant le degré
d'instruction reçue. L'accord suivant, fait en 1774 entre
les habitants de Savignies et Simon Le Clerre, leur
maître d'école, met au grand jour les usages d'autrefois :

« L'an mil sept cent soixante-quatorze, le deux
février, jour de la Chandeleur, après l'assemblée
convoquée au son de la cloche, à la manière
accoutumée, du consentement de M° Jean de Pin-
cemaille, prêtre, licentié en droit canon et civil,
curé de cette paroisse (de Savignies), et de celui
des anciens marguilliers ainsi que principaux habitans de la ditte paroisse, désirant conserver le sieur
Siméon Le Clerc, pour leur maître d'école, à l'effet
de quoi se sont obligés et s'obligent par le présent
acte à lui payer deux sols de plus, ce qui fait douze
sols en totalité qu'il recevra annuellement de
chaque habitant, y compris même les veuves qui ne
paient que la moitié, et autre ; et l'authorisent à
recevoir des écoliers qui lui seront envoyés quatre
sols pour les commençants, six pour ceux qui liront

dans la vie de J.-C. et pour ceux qui liront et écriront en même temps ; ce qu'ils ont signé le dit jour et an, ainsi qu'il appert.

« Signé : Simon Le Clerre, — A. Patte, syndic, — Simon Marthe, — P. Alespée, — J.-B. Marthe, — Nicolas Laffineur, — Louis Gérard, — etc. (1). »

A Saint-Léonard, près Senlis, *un rolle pour recevoir la Clergerie* porte qu'en l'année finie le quatre avril 1789 la rétribution payée par chaque ménage fut de 18 sols et de 9 sols pour les femmes veuves (2).

Pierre Maréchal, clerc séculier, maître d'école de Jonquières, nous renseigne sur les émoluments des maîtres d'école aux environs de Compiègne. Au jour de sa réception en novembre 1768, il souscrivit aux conditions suivantes :

« 1° Il fut arrêté qu'il recevrait annuellement de chaque ménage un quartier de bled, ou la valeur du bled en argent, deux pintes de vin et cinq sols, et des veuves, la moitié de cette redevance.

2° Pour les mois d'écolage, il fut décidé qu'il s'entendrait avec les pères de famille et serait rétribué suivant l'âge et le degré d'instruction des enfants.

3° Quant à l'eau bénite qu'il était tenu de porter dans les maisons à certains jours, il a été convenu qu'elle lui donnait droit à un sol chaque fête et à deux liards tous les dimanches. »

Ces usages subsistaient encore dans le Noyonnais en 1794. Jean-François-Aimable Julliart, clerc de chœur et des sacrements à Béthencourt-en-Vaux, nous apprend que, suivant les conventions faites avec lui à son arrivée en mai 1794, chaque ménage lui devait donner annuellement un quartier de blé en dehors des rétributions établies par la coutume pour les mois d'école, mais qu'il ne recevait rien d'un grand nombre de familles, à cause du malheur des temps, et se trouvait réduit à vivre du pain recueilli en portant l'eau bénite (3). Déjà la révo-

(1) COUARD-LUYS, *Rapport au Préfet de Oise sur les Archives,* 1885.

(2) A. VATTIER, *Op. cit.,* p. 94.

(3) *Souvenirs* recueillis et rédigés par L. R. JULLIART, dans son *Journal d'une famille d'Instituteurs,* ms.

lution portait ses fruits. Les traditions néanmoins semblaient toujours théoriquement respectées.

Nous avons vu comment l'évêque de Noyon essaya de pourvoir au traitement des institutrices dans son diocèse.

En beaucoup de villages, les dons et legs assurèrent à perpétuité des émoluments convenables aux maîtres et aux maîtresses d'école. En même temps que l'on secourait les indigents, on établissait la gratuité de l'instruction pour leurs enfants. Le pauvre qui négligeait d'envoyer son fils à l'école ne pouvait alléguer ce prétexte : « il faut bien qu'il gagne sa vie » ; car la charité chrétienne avait prévu cette difficulté et l'avait aussitôt résolue, comme nous allons le constater.

DIOCÈSE DE BEAUVAIS. — A *Bresles* (doyenné de Mouchy), l'évêque de Beauvais établit à l'ombre de son château une école de filles qu'il confia à une religieuse de la communauté des Barettes. Delavacquerie, receveur de l'évêché, payait à la sœur Clément 200 livres pour sa pension en 1781 (1).

A *Breteuil*, l'hospice, reconstitué en 1695, rétribue une institutrice chargée de donner l'enseignement gratuit aux jeunes filles. L'établissement est aujourd'hui dirigé par les religieuses de Saint-Joseph de Cluny (2).

A *Chambly*, l'hospice fondé par la famille Legras, qui a fourni des chambellans aux rois Philippe-le-Hardi et Philippe-le-Bel, est administré par les *Sœurs de la charité et instruction chrétienne* de Nevers. L'une d'elles est chargée d'élever les filles des familles indigentes.

A *Crèvecœur*, deux sœurs grises, établies par les seigneurs, se consacraient aux soins des malades et à l'instruction des jeunes filles.

(1) *Arch. de l'Oise*, G. 495.

(2) GRAVES, *Stat. Breteuil.* — Les documents dont nous n'indiquons pas la source sont pour la plupart extraits des *Statistiques* de M. GRAVES.

A *Ercûis*, Louis Ancel, curé de la paroisse, décédé le 1ᵉʳ octobre 1670, a laissé pour les pauvres les économies faites par lui pendant 19 ans de ministère. Cet argent a servi à acheter huit hectares de terres dont le revenu est employé à donner des secours aux indigents et à faire élever leurs enfants.

Au *Fayel* et à *Chevrières* près Compiègne, Eustelle-Thérèse de la Roche-Courbon, maréchale de la Mothe-Houdencourt, laissa, par testament du 4 octobre 1759, dix livres de rente pour fournir des livres de piété aux enfants indigents et 40 autres livres de rente, destinées à acheter, chaque année à la foire de Saint-Simon à Chevrières, des bas, des galoches, des camisoles, des jupons, des bonnets etc., pour les pauvres. Elle constitua en outre, sur sa terre du Fayel, toujours en faveur des pauvres, une rente de 150 liv., dont 100 liv. destinées au maître d'école du Fayel, pour l'instruction gratuite des indigents (1).

Le *Hamel* et *Grez* doivent à leur ancien curé M. Robert, quelques biens par lui légués en faveur des pauvres vers 1770. Le revenu de ces biens sert à distribuer des secours à domicile et à payer l'instruction des enfants indigents.

A *Liancourt*, Roger du Plessis, duc de la Roche-Guyon, seigneur de Liancourt, et Jeanne de Schomberg, sa femme, fondèrent, le 31 décembre 1645, un hospice qu'ils confièrent à quatre sœurs hospitalières de la Congrégation de Nevers. Deux de ces religieuses devaient tenir l'école des jeunes filles. L'enseignement y était gratuit pour les familles indigentes. L'établissement est aujourd'hui entre les mains des sœurs de la Compassion de Saint-Denis.

A *Mouchy-le-Châtel*, des sœurs de la Congrégation de Nevers furent, en 1754, chargées par le maréchal de Mouchy de l'éducation gratuite des filles indigentes et du soin des malades. Cette mission est

(1) *Arch. du chât. de Fayel.*

aujourd'hui remplie par les Sœurs de la Divine Providence de Reims.

A *Notre-Dame-du-Thil*, la fabrique achetait en 1667 une maison pour en faire une école. Les bâtiments furent reconstruits en 1772.

A *Pont-Sainte-Maxence*, dans l'hospice fondé par Saint-Louis, les enfants pauvres recevaient l'instruction gratuitement.

A *Précy-sur-Oise*, une dame de Vaucouleurs fonda, en 1664, un Hôtel-Dieu pour secourir les malades, recevoir les orphelins et instruire gratuitement la jeunesse. La duchesse de Luxembourg donna des bâtiments pour établir un petit hospice en 1699. Vers 1720, Mme de Montmorency-Boutteville y installa une sœur de Sainte-Geneviève de Paris, pour y tenir l'école à perpétuité. Hôtel-Dieu, hospice, écoles, tout a disparu en 1792.

A *Ravenel*, le marquis de Guermante, seigneur du lieu, fonda en 1777 une rente de 1,200 livres sur les aides et gabelles et disposa une maison pour trois sœurs de Saint-Vincent-de-Paul qui devaient soigner à domicile les malades, leur fournir les médicaments et tenir gratuitement l'école. L'opération du tiers consolidé a presque ruiné cet établissement. Des religieuses de la Providence de Ruillé-sur-Loire ont remplacé depuis longtemps les premières dames hospitalières.

A *Ressons-sur-Matz*, « une dame, nommée Périmée, fit construire et légua au clerc et maître d'école, présent et à venir, la maison qui existait sur l'emplacement de l'Hôtel-Dieu avant l'incendie de 1698, pour y donner l'instruction gratuite aux enfants pauvres. Les incendies de 1698 et de 1731 mirent fin à cette destination primitive (1). »

A *Saint-Just-en-Chaussée*, Jean-Joseph Languet de Gergy, archevêque de Sens, abbé commandataire

(1) *Registre de paroisse de l'église de Ressons-sur-Matz*, f° 58. Document communiqué par M. l'abbé GORDIÈRE.

de l'abbaye de Notre-Dame de Saint-Just, dans sa visite faite le 4 août 1746, dit avoir appris avec satisfaction « que le maître d'école fait bien son devoir, que les enfants sont assidus à l'école et suffisamment instruits, comme aussi que les prônes et les catéchismes se font régulièrement tant par le sieur prieur que par les religieux qui l'assistent dans le ministère. » L'école de Saint-Just était placée sous la haute direction de l'abbaye. Le maître d'école loué par l'abbé était François Lefort (1746-1769). Il eut pour successeur Jean-Baptiste Legrand (1769-1793).

A *Saint-Maur,* à cinq lieues de Beauvais, une école de filles fut fondée par le curé de la paroisse, Pierre Guillotte. Par testament du 4 octobre 1672, il légua à sœur Jeanne Grébet et à la communauté dont elle faisait partie cette école, la maison et le jardin qui en dépendaient, le mobilier et les provisions qui s'y trouvaient, aux conditions suivantes : « Jeanne Grébet et autres sœurs susdites seront tenues et obligées d'instruire les filles de la paroisse dudit Saint-Maur à perpétuité et charitablement tant dans la piété et bonnes mœurs, qu'à lire et écrire, comme on fait ès écoles, sans qu'elles en puissent rien exiger que ce qu'elles leur donneront de bonne volonté.... Que si, dans la suite des temps, il arrivoit que la dite communauté desdites sœurs vînt à déchoir et dépérir entièrement, en sorte qu'il n'y eust point de filles assez capables pour satisfaire aux charges cy-dessus par l'ordre et approbation de Monseigneur l'Evesque dudit Beauvais ou de ses grands vicaires, ou même que celles qui seroient en charge voulussent quitter cet emploi, j'entens et veus que le dit lieu, en tout son contenu et édifices, demeure en la disposition et volonté seulement de mondit seigneur l'Evesque de Beauvais ou de ses grands vicaires et non d'autres personnes, quelles qu'elles puissent estre, pour estre le susdit lieu par eux entretenu, occupé et employé à tel usage qu'ils jugeront bon estre ».

Pierre Guillotte avait aussi établi à Saint-Maur une école pour les garçons. Il y consacrait presque toutes ses journées, et il disciplina si bien ses jeunes disci-

8

ples, il s'en fit tellement aimer que tous demandaient à
aller à l'école et se groupaient autour de lui chaque fois
qu'ils l'apercevaient dans les rues. Les parents étaient
ravis de ce spectacle nouveau pour eux et recevaient
avec plaisir leur curé lorsqu'il allait s'informer de leurs
enfants. Pierre Guillotte mourut le 1er décembre 1672,
à l'âge de 48 ans moins 3 mois. Toute sa paroisse le
pleura. On le considérait comme un saint (1).

A *St-Sulpice*, un chapelain devait tenir école suivant une fondation remontant à 1734. On voit encore dans l'église l'inscription destinée à en perpé-
tuer le souvenir. Elle porte :

A la plus grande gloire de Dieu.
Cy devant a esté inhumé le corps d'Anne Masselin,
Veuve de Martin Flanchon et mère du Sr Sulpice
Flanchon, ancien consr du Roy, Natif de cette
paroisse ; lequel conjointement avec Damelle Marie
Gosselin son épouse, décédée à Paris sans enfants
Sçavoir la ditte Damlle le 26 Décembre 1732, Et le dit
Sr Flanchon le 3 Mars 1733, lesquels en reconnaissance
des bénédictions que le Seigneur a répandu sur
leurs travaux ont, par leur testament mutuel
Reçu par Maître Dupont et son confrère, notaires à Paris,
le 22 Décembre 1732, Ordonné qu'il fût fondé
à perpétuité en cette paroisse un chapelain
Pour y demeurer et y faire l'école tous les jours
Ouvriers aux garçons, et de dire à l'intention
Desdits Sr et Dlle Flanchon et de leurs familles
la Ste Messe tous les Dimanches et Festes de l'année
et les autres jours de la semaine, à l'exception de deux
jours par chacune semaine, laissés francs au Chapelain,
pourquoi ils auroient donnés les maisons et héritages et
rentes déclarées audit testament sous les charges
et conditions y portées ; conformément la ditte fondation
a esté faite devant le dit Mtre Dupont, notaire, le 27
juillet 1734, entre le Sr Noël Flanchon, Bourgeois de
Paris, frère dudit défunt, exécuteur dudit testament,
après les Srs Curé, Marguilliers en charge et anciens, et
habitans de cette Paroisse en Présence de Mr de Bournardy
Seigneur de St-Sulpice et de l'agrément de S. E. Monseigr
l'Evesque de Beauvais; lequel Sr Noël Flanchon
a fait dresser ce monument, pour inviter les Parroissiens
Présents et à venir de Prier Dieu
Pour les fondateurs. *Requiescant in pace.*

(1) *Document communiqué par M. l'abbé* DELADREUE. — DELETTRE,
Hist. du diocèse de Beauvais, t III, p. 514, 515.

La rente fondée par le sieur Flanchon était de 118 l. 7 s. 6 den.

Dans les comptes de la fabrique de 1743 à 1746 et dans ceux de 1753, au titre des recettes, on lit : Denis Candelot au 7 mai, pour le clerc de la paroisse, donné par M. de Grandmaison pour l'instruction des enfants pauvres de la paroisse, a gratis, par an 7 l. 10 s. ; total 15 liv. Les comptes rendus le 24 janvier 1751 portent aussi : Au clerc pour l'écolage des pauvres, 15 liv.

Quant au chapelain, il est dit dans les comptes de 1746 qu'il doit sur la rente Flanchon pour les réparations faites à sa maison par la fabrique, 20 l. par an, soit 40 l. ; et pour 4 mines de terre et 23 verges de pré 10 l. 10 s. par an, soit 21 liv. Les habitants lui accordent gratis la demi-mine de terre située au bout de son jardin pour son assistance au service divin (1).

A *Thieuloy-Saint-Antoine*, Pierre Bernay de Favancourt, abbé de Lannoy (1721-1743), dota l'église, le curé et le maître d'école. Une inscription placée dans le chœur de l'église rappelle ce bienfait. Nous en citerons le passage suivant :

« Messire Pierre Bernay de Favancourt, prestre docteur de Sorbonne, commendataire de l'abbaye de de Notre-Dame de Lanoy..., a restably cette église, déserte depuis un temps considérable, replanté tout le village et chemin d'arbres fruitiers qu'il donne en propriété à l'église, au curé, au magister par tiers, aussi bien que deux cloches, aidé par le zèle et la ferveur de Messire Claude Bernay, chevalier, seigneur de Favancourt... son père, etc... »

A *Valdampierre*, la marquise de Mornay fonda une rente de 200 livres pour l'instruction gratuite des filles. Après la Révolution, le marquis de Mornay continua de nommer et payer directement la maîtresse d'école, conformément à l'acte de fondation.

(1) Docum. communiqué par M. l'abbé RACINET.

A *Venette* existait en la rue d'*En-bas* une école souvent inaccessible l'hiver à cause des inondations, produites par les eaux venant de la vallée de Remy. Le 13 juillet 1701, Pierre Josson, curé de Venette, doyen rural de Coudun, acheta à Pierre Herlaut, vigneron, pour y installer l'école, la maison voisine du presbytère, actuellement occupée par l'école des filles. Il la paya 170 livres. Cette maison devait annuellement 4 den. de cens et 12 sols 4 den. de surcens. Divers obstacles empêchèrent d'y transférer immédiatement l'école (1).

VEXIN. — A *Liancourt-Saint-Pierre*, le curé Jean Vallée créa une école de filles en 1729. Il se fit autoriser par l'archevêque de Rouen, Claude-Maur d'Aubigné, à accepter en faveur de cette œuvre, des legs qui, en 1767, donnaient un revenu de 159 livres 11 s. La Révolution a tout englouti (2).

A *Jaméricourt*, M. Berthault, curé, a donné une maison d'école en 1740.

A *Neuvillebosc*, M. Largillière curé, constitua, le 31 décembre 1783, une rente de 596 livres, pour assister les pauvres de Neuvillebosc et de Chavençon et payer les frais d'instruction des enfants indigents.

Montherlant jouit encore d'une rente de 57 fr. sur l'Etat servant à secourir les femmes en couches et à instruire gratuitement les pauvres.

A *Thibivillers*, la dame Ducreux a fait don d'une école en 1789.

DIOCÈSE DE NOYON. — *Appilly*. Au dénombrement du fief d'Appilly fourni à la comtesse d'Offémont, le 6 juillet 1773, par le marquis de Barbançon, nous lisons à l'article 72 des censives : « La paroisse d'Appilly pour une maison, composée de deux habitations, servantes, l'une pour l'école des gar-

---

(1) Docum. communiqué par M. l'abbé F. MASSON.

(2) L. PIHAN. Notice sur Liancourt-Saint-Pierre, p. 73.

çons du côté d'orient, et l'autre pour l'écolle des filles du côté d'occident, avec un petit terrein en forme de ruelle derrière ladite maison, du côté du septentrion, et une cour sur le devant de la longueur de la dite maison du coté du midy, contenant en tout trois verges et un quart de verge........ doit trois sols un denier et demy de cens » (1).

A *Béhéricourt*, l'école des filles possédait, en 1777, 690 liv. de rente sur le clergé de France (2).

A *Beuvraignes* (doyenné de Nesle), Marguerite Bellet, instituée maîtresse d'école le 25 septembre 1729, recevait des marguilliers douze setiers de blé de rente donnés à cette fin par Marie-Anne la Fosse, une somme de 30 liv. et le fermage de quatre pièces d'*usages*, ou biens communaux, louées 30 livres (3).

Cannectancourt avait une école qui lui fut donnée en 1762 par M. de Haussy, curé de la paroisse et chanoine de Noyon.

A *Cuts*, l'hospice doté par les seigneurs de Cuts et de Camelin pourvoyait à l'instruction des enfants indigents.

A *Epehy* (doyenné de Péronne), très longtemps avant la Révolution, la fabrique, autorisée par l'évêque de Noyon, prenait sur ses revenus annuels 8 setiers de blé et 30 liv. d'argent pour le traitement d'une maîtresse d'école (4).

(1) *Docum. communiqué par M.* MAZIÈRE, *notaire à Ribécourt.*

(2) Cette rente faisait partie des 3,100 liv. de rentes constituées au denier 25, c'est-à-dire en 4 %, suivant le contrat passé devant Maigret et Brouod, notaires au Châtelet, le 20 septembre 1777, pour rembourser 77,500 liv. empruntées au denier 20, autrement dit à 5 %. Georges-Louis Phelipeaux, archevêque de Bourges, et Louis-François-Alexandre de Jarente de Sénas d'Orgeval, agent général du clergé, avaient été chargés de cette opération financière ou conversion de rente, en vertu de deux délibérations de l'*Assemblée générale du Clergé de France* à Paris, l'une du 26 septembre 1765, et l'autre du 13 octobre 1775. *Arch. de l'Oise. Abbaye de Saint-Eloi de Noyon.*

(3) *Arch. de l'Oise*, G. 558.

(4) J. DARSY, *Op. cit.*, p. 80.

A *Grand-Ru*, Jean Fortin dota les écoles en 1706. Le contrat de dotation (1) est ainsi conçu :

A la plus grande gloire de Dieu.

Je soussigné, Jean Fortin, bourgeois de Paris, y demeurant rue St-Antoine, paroisse St-Gervais à Ste-Véronnique, de la petite bannière de France, natif de Grandru, près Noyon....

Ayant aussi apris que Messieurs du Chapitre de Noyon avoient estably depuis peu de temps une mettresse d'escolle audit Grandru pour l'instruction des petites filles, séparèment des garçons, et que les habitans dudit Grandru avoient eu pour bien agréable le petit présent que je leur avois faict . . . . pour le M⁰ d'escolles des garçous, je crois qu'ils ne seront pas fachéz que je leur fasse aussy don . . . . en faveur de la mettresse d'escolle de leurs filles.

A cet effet, je faict don irrévocable à perpétuité et entre vifs par le présent escrit signé de ma main, ausdits habitans de Grandru pour et en faveur de la mettresse d'escolle perpétuelle establie dans ledit lieu pour l'instruction des petites filles du village, à laquelle ils donneront l'usufruict . . . . sans que ledit bien puisse estre vendu ny engagé sinon par eschange pour la commodité de la dite mettresse d'escolle, de l'advis de Monsieur le Curé dudit Grandru que je supplia d'en prendre la peine avec les dix plus anciens habitans qui en auront l'administration conjointement avec celuy du M⁰ d'oscolle de la manière et ainsy qu'il est porté par la donnation que je leur ay faict pour luy . . . . à la charge seullement par la dite mettresse d'escolle de faire réciter à genoux à ses escollières *Pater*, *Ave* et *Credo* tous les jours avant que de sortir de l'escolle, pendant mon vivant, et, après ma mort, y adjouter *Requiescant in pace*. *Amen*, le tout pour la gloire de Dieu.

. . . .

Faict à Paris, le vingt-quatre may mil sept cent six, le lundi feste de la Pentecoste.

J. FORTIN.

Un « état de la consistance des terres et seigneuries de Béhéricourt et de Grand-Ru près Noyon, en Picardie, appartenantes à la succession de feu M. le marquis d'Hautefort, » plaquette imprimée de 1780 à 1786, mentionne une rente dont jouissaient alors les écoles des deux paroisses. « Il n'y a, dit-il, de charges affectées sur ces deux terres que 120 livres, qui se paient annuellement aux deux maîtres et deux maîtresses d'écoles de Béhéricourt et de Grand-

(1) *Docum. communiqué par* M. MAZIÈRE.

Ru, ancienne fondation faite par les auteurs de
M. le marquis d'Hautefort (1). »

Guiscard jouissait en 1833 d'une fondation de
75 francs et trois hectolitres et demi de blé en faveur
de son école des filles.

A *Muirancourt*, le curé, Ambroise Delanchy,
s'étant installé vis-à-vis de l'église dans une maison
donnée par François Lefèvre, son prédécesseur,
laissa au maître d'école l'ancien presbytère. Un incendie réduisit en cendres cette dernière habitation
en 1757. Les habitants représentés par Charles
de Gauchy, leur syndic, Charles Grandsire, et
plusieurs autres notables, prièrent leur curé de les
autoriser à la reconstruire. Ambroise Delanchy,
confirmant l'abandon fait antérieurement, donna
le 4 juin 1758 la permission qu'on lui deman-
dait, « heureux, disait-il, de procurer à sa paroisse
tout le bien, qui serait en son pouvoir (2). »

A *Ribécourt* et *Pimprez*, Henriette de Lancy de
Raray, marquise de Crèvecœur, légua, par son testament du 22 décembre 1726, « deux mille francs
pour entretenir une sœur d'école (3). »

A *Varesnes*, Louis-Antoine Duprat, marquis de
Barbançon, seigneur de Varesnes, fit bâtir en 1774
un hospice destiné à secourir les malades des paroisses
ses de son marquisat au nombre desquelles se
trouvaient Apilly, Babœuf, Brétigny, Couarcy, Mon-
descourt, Morlincourt, Pontoise, Varesnes et quelques hameaux.

Des revenus considérables formèrent la dotation
de l'établissement. Trois religieuses hospitalières en
eurent la gestion et y instruisirent gratuitement les
enfants.

Ville doit à Jean de Nouvion cinq hectares 97 cen-
tiares de terre qu'il possède à Nouvion-le-Comte et

(1) *Cabinet de M.* MAZIÈRE.
(2) *Docum. communiqué par M. l'abbé* GALLOIS, *curé de Ville.*
(3) L. MAZIÈRE. *Notice histor. sur Ribécourt,* p. 52.

une redevance de 24 hectolitres de blé sur ces mêmes terres. Ce legs est de l'an 1267. Antoine Gueudré, curé de Ville, mort en 1663, laissa également à sa paroisse une rente réduite aujourd'hui à 20 francs. Les enfants indigents recevaient l'instruction gratuitement, et les pauvres de nombreux secours, grâce à ces revenus maintenant bien diminués.

De 1786 à 1790, le marguillier payait annuellement à Marie-Anne Leroy, institutrice, vingt-quatre livres d'honoraires (1).

Salency possédait, en 1777, 300 liv. de rente constituées sur le clergé de France « au profit de la Fabrique et de l'école des filles de la paroisse (2). »

SOISSONNAIS. — A *Attichy*, les seigneurs fondèrent un bureau de charité qu'ils dotèrent de biens importants dans le but d'assurer l'instruction des enfants pauvres et des secours de tout genre aux indigents.

Nampcel, Morsain, Bitry et *Saint-Pierre-lès-Bitry*, devaient leurs vicaires et leurs maîtres d'école à Marguerite Colbert, veuve de Vincent Hotman, conseiller d'Etat, intendant des finances, seigneur de Nampcel, vicomte de Morsain, seigneur de Bitry, Saint-Pierre-lès-Bitry, et autres lieux. Pour se conformer à ses dernières volontés, consignées dans son testament, ses nièces Geneviève Colbert, femme de Paul-Etienne Brunet, seigneur de Ramy, Esury-le-Château, conseiller-secrétaire du roi, et Elisabeth-Marguerite Colbert, dame de Bitry et Saint-Pierre-lès-Bitry, placèrent, le 8 février 1707, 19,000 livres en rentes sur les aides et gabelles. Sur le revenu produit par cette somme, les trois vicaires établis à Nampcel, Morsain et Bitry devaient recevoir chacun 250 liv. par an ; 240 liv. devaient être payées aux maîtres d'écoles de ces trois paroisses et à celui de Saint-Pierre-lès-Bitry à raison de 60 livres pour cha-

(1) *Docum. communiqué par M. l'abbé* GALLOIS.

(2) *Arch. de l'Oise. Abbaye de Saint-Eloi de Noyon.* Contrat du 20 septembre 1777, devant Maigret et Brouod, notaires au Châtelet. — Voir plus haut Béhéricourt.

cun. Les vicaires étaient tenus de dire la messe tous les jours en leurs villages et d'y célébrer trois messes par semaine pour leurs bienfaiteurs défunts. Les maîtres d'école avaient la charge « d'enseigner à lire, à escrire et le catéchisme aux enfants des dites paroisses (1). »

Au *Plessis-Brion* (doyenné de Béthisy), le seigneur ayant amodié aux habitants le droit de la banalité de son moulin, moyennant 60 livres par an, gratifia de cette somme le maître d'école pour instruire gratuitement la jeunesse (2).

A *Saint-Léger-aux-Bois* (doyenné de Vic-sur-Aisne), un décret de François de Fitz-James, évêque de Soissons, en date du 15 janvier 1749, ayant réuni au séminaire diocésain le prieuré jadis occupé par des religieux de l'ordre de Grammont, réserva sur les revenus du couvent supprimé, une rente de 100 livres pour les pauvres de la paroisse et une autre de 40 livres au maître d'école pour l'instruction gratuite des enfants pauvres du pays (3).

A *La Croix-Saint-Ouen* (doyenné de Béthisy), Henri-Charles Arnauld de Pomponne, conseiller d'Etat ordinaire, commandeur et chancelier des ordres du roi, abbé de Saint-Médard de Soissons, et comme tel seigneur de la Croix, donna le 4 août 1741 « à la cure de la Croix-Sainct-Oyen, en faveur du curé, Antoine-François de la Haye, et de ses successeurs, curés du dit lieu, cent cinquante livres de rente, à la charge par le curé, de payer tous les ans, à commencer du premier juillet 1741, vingt livres de rente au maistre d'école de la Croix-Sainct-Oyen et à ses successeurs maistres d'école de la ditte paroisse. »

Par délibération du 20 octobre 1791, la municipalité de la Croix alloua au maître d'école 600 livres (4).

(1) *Docum. communiqué par M. l'abbé* A. LEMAIRE, *curé de Bitry.*
(2) *Docum. communiqué par M.* MAZIÈRE.
(3) *Cabinet de M.* MAZIÈRE.
(4) *Docum. communiqué par M. l'abbé* LÉVEILLÉ.

A *Verberie*, on construisit un nouvel hospice au commencement du xviii° siècle, et l'on utilisa les anciens bâtiments en y installant en 1729 deux sœurs de l'Enfant-Jésus de Genlis pour tenir gratuitement l'école des filles. Les religieuses recevaient par an 100 livres de l'hospice et 150 livres de la fabrique. En 1780, cette école n'était qu'une ruine. On la reconstruisit au moyen de prestations volontaires, de 1000 livres de souscription également libre et de ressources complémentaires fournies par l'hospice. Une dame Chabanon (1) paya le loyer de la maison où se fit provisoirement l'école. Les travaux de reconstruction durèrent trois ans. Ils étaient à peine terminés quand éclata la Révolution. La sœur Lalouette eut tout l'embarras d'organiser la maison neuve. Quand on l'expulsa, le 15 mars 1793, on ne lui remboursa qu'une partie des dépenses qu'elle y avait faites (2).

A *Auteuil-en-Valois* (doyenné de Coyolles), l'école des filles, tenue par des religieuses de l'Enfant-Jésus de Genlis, était à la charge du prieuré.

DIOCÈSE DE SENLIS. — A *Baron*, Philippe d'Anthoins de Roquemont, seigneur de Baron, légua en 1652 une somme suffisante pour le traitement de deux filles, ou femmes veuves, chargées d'élever la jeunesse, de soigner les malades à domicile, d'apprendre des métiers aux pauvres et de leurs donner des secours en nourriture et vêtements. On acheta, vers 1737, une maison pour loger l'institutrice et tenir l'école.

A *Crépy-en-Valois*, l'hospice, établi en 1638, a deux religieuses de Saint-Joseph de Cluny spécialement occupées à l'instruction gratuite des enfants pauvres.

Feigneux a une maison d'école donnée en 1778 par M. Garnier, abbé commendataire de Lieu-Restauré.

(1) Chabanon était membre de l'Académie française.
(2) Docum. communiqué par M. l'abbé PARIS.

Au *Luhat*, hameau de Fresnoy, une demoiselle
Guillier légua, en 1712, 150 livres de rente, dont 100
livres pour les pauvres et 50 livres pour l'éducation
des enfants indigents.

A *Plailly*, une confrérie de charité fut instituée le
18 mai 1716, à la suite d'une mission, pour donner
des secours aux pauvres et faire instruire leurs enfants. Le 17 octobre 1739, le curé de Plailly aban-
donnait à la fabrique de son église une maison dans
le but de pourvoir au logement du maître et de la
maîtresse d'école, de procurer l'instruction gratuite
aux enfants des deux sexes et d'entretenir une sœur
« pour le pot des malades (1). »

A *St-Léonard*, Madeleine Marcq, veuve de Guillaume Houbigant, donna à l'église une rente de 120
livres, à la charge de faire célébrer plusieurs obits
et messes pour elle et son mari, et de faire instruire
six enfants pauvres qui tous les jours après l'école
et les dimanches et fêtes après la messe devaient
chanter avec le maître le *Stabat mater*, le *Salve,
Regina*, et le *De profundis* sur la tombe des fondateurs, c'est-à-dire devant l'autel de la Sainte-Vierge.
En 1772, les chanoines de N. D. de Senlis, seigneurs de Saint-Léonard, firent don à la paroisse, de
3 verges et demie de terre en face de la croix du ci-
metière, pour y bâtir une école (2).

A *Avilly*, hameau de Saint-Léonard, le P. Houbigant, de l'Oratoire, fonda, vers 1760, une rente pour
l'ouverture d'une école gratuite de filles à côté de la
chapelle qu'il avait fait élever près de sa résidence.
La Révolution a fait disparaître la fondation (3).

DIOCÈSE DE MEAUX. — *Acy-en-Multien*, en 1702,
avait en son Hôtel-Dieu deux sœurs « sçavoir sœur
Marie Barré, qui a bien voulu se charger gratuitement du soing des malades, et la sœur Mahon, qui

(1) *Arch. de l'église de Plailly*.
(2) A. VATTIER, *Op. cit*, p. 94.
(3) *Comité Archéol. de Senlis*, 2ᵉ série, t. IX, p. XXVI.

s'est obligée en outre à détenir les petites écoles des
filles à la rétribution de 150 livres par an ». Bossuet
évêque de Meaux, confirma l'établissement des religieuses et leur donna un chapelain, le 9 septembre
1702. En mars 1744, on plaça à l'Hôtel-Dieu d'Acy
deux sœurs de charité. « On paiera aux dites sœurs
pour chacun an, dit le procès-verbal d'installation,
la somme de 300 livres, plus 200 de fagots et une
corde de gros bois, de la chandelle et de l'huile pour
les besoins des malades, des meubles, etc. » Elles
visiteront les malades et feront l'école des filles gratuitement (1).

A *Betz*, Charles-Louis Lallement, écuyer, seigneur
de la vicomté de Lévignen, de Betz, de Macqueline
et autres lieux, et Charlotte Catherine Troisdames,
sa femme, par contrat du 14 avril 1720, consacrèrent 40,000 livres à l'établissement de trois sœurs
de charité. Leur but en appelant ces religieuses
et en pourvoyant à leur entretien fut de soulager et
secourir par leur entremise les pauvres malades et
les infirmes des trois paroisses de Betz, Lévignen et
Macqueline dont ils avaient la seigneurie, et de celle
d'Ormoy-le-Davien dont était seigneur Louis-François
Lallement de Lévignen, leur fils, maître des requêtes
ordinaires de l'hôtel du roi. Les sœurs devaient en
outre fournir « les drogues, les médicaments et les
bouillons nécessaires aux pauvres », « faire les petites écoles et instruire tant des principaux mystères
de la religion catholique, apostolique et romaine,
qu'en bonnes mœurs, les jeunes filles de la dite
paroisse de Betz et celles qui seraient envoyées en
leur école au dit Betz des trois autres paroisses. » (2).

A Nanteuil-le-Haudouin, l'hôpital fondé au XII°
siècle par Philippe I°ʳ, seigneur de Nanteuil et du
donjon de Crépy, et construit en 1218 par Philippe II,
son fils, fut racheté en 1817 par M. Lemaire,
ancien notaire, qui y installa aussitôt une école de

(1) MULLER, *Excursion archéol.*, Comité Archéol. de Senlis, 2° série,
t. IX, p. 34.

(2) *Arch. de l'Oise.* Les Sœurs de Charité.

garçons et une école de filles. Les sœurs de St-Joseph de Cluny soignent à domicile les malades indigents et élèvent gratuitement leurs enfants. M. Lemaire a laissé 7,000 francs de revenu pour assurer la perpétuité de son œuvre.

A Peroy-les-Gombries, Pierre Bouillard, curé en 1661, fit une donation de trois hectares de terre dont le produit devait être consacré à l'éducation de la jeunesse, au soulagement des malades pauvres et à d'autres bonnes œuvres. Trois arpents de terre et une maison d'école ont été ajoutés à cette fondation en 1731.

A Silly-le-long, la marquise d'Alègre avait laissé une rente pour l'école des filles confiée aux sœurs de la charité. L'instruction y était donnée gratuitetement (1).

Avons-nous énuméré la vingtième partie des fondations faites en faveur des écoles? Évidemment non. Les archives des églises nous en révéleraient des milliers d'autres, si nous pouvions les dépouiller toutes. La gratuité de l'enseignement formait, avec le soulagement des pauvres et des malades, la préoccupation de toutes les âmes généreuses. Cet élan vers la gratuité des écoles, un instant arrêté par la Révolution, reprit faveur dès le commencement de notre siècle. On eut à cœur de réparer tous les dommages causés par dix années de perturbation sociale. Le clergé prit une large part à cette restauration.

Les fondations recommencèrent. M. des Lyons à la Villeneuve-le-Roy en 1809 ; M. et Madame F. Daudin à Pouilly en 1811 et 1816; la dame Deladreue à Hautbos en 1812; M. Demogier, curé d'Ivry-le-Temple, mort en 1813; Madame Allou à Châteaurouge, commune de Cauvigny, en 1818; M. Desmarest, curé de Ste-Valère à Paris, donateur de 1.400 fr. de rente à Haute-Epine en 1822 ; M. J. Nicolas Bordeaux, mort en 1825 à Fresneaux; le duc de la Rochefoucauld-Liancourt, en 1827; la marquise de Clermont-Tonnerre, fondatrice à Achy

(1) A. VATTIER, *Op. cit.* p. 94.

d'une école gratuite dirigée par trois religieuses de
la congrégation de St-André, etc., etc. donnèrent
une nouvelle impulsion à l'œuvre des écoles. Il fut
un temps où la communauté du *Sacré-Cœur de Jésus
de St-Aubin* ne pouvait suffire à procurer des institutrices à toutes les paroisses qui en demandaient.
Cinquante écoles sont encore aujourd'hui dirigées
par des religieuses de cette communauté.

II. ÉCOLES DES CONGRÉGATIONS

1. *Les Minimes*. — BEAUVAIS. — Les Minimes,
ou religieux de l'ordre de Saint-François-de-Paule,
s'établirent à Beauvais, en 1618, pour se vouer spécialement à l'instruction des pauvres. C'est à René
Leclerc, religieux de cet ordre, originaire de Beauvais, frère de Thomas le Clerc, intendant des finances, que vint la première idée de cette fondation.
Appelé à prêcher la station de carême à la cathédrale de Beauvais en 1617, il constata que la classe
pauvre était peu instruite des vérités de la religion.
D'accord avec ses supérieurs, il proposa aussitôt
aux chanoines d'installer dans sa ville natale une
communauté de Minimes, « pour annoncer la parole de Dieu, ouyr les confessions, instruire la jeunesse en ce qui est de l'instruction chrestienne et
visiter les malades ». Un avis favorable du chapitre
vint, le 15 mars 1617, encourager ce projet. Quelques
jours après, le 22 mars, la ville y donnait son assentiment. Il ne manquait plus que l'approbation épiscopale. Mais le siège de Beauvais était alors vacant.
Augustin Potier, l'évêque nommé, n'en fit prendre
possession qu'au mois de novembre suivant. Il n'at-
tendit pas cependant son arrivée à Beauvais pour
répondre à la demande des Minimes. Ses lettres
d'approbation leur furent délivrées à Paris, le 28 janvier 1618. René Leclerc, au comble de ses vœux,
installa provisoirement sa communauté naissante
dans les dépendances de la chapelle de St-Panta-
léon. Quelques années après, les Minimes achetèrent un terrain, situé en la paroisse de St-Gilles,
pour y bâtir leur couvent et s'y établir d'une ma-

nière définitive. Leur église fut achevée et consacrée en 1637. La classe si nombreuse des ouvriers, des pauvres et des infirmes, fut dès lors aussi abondamment pourvue de secours spirituels que les autres classes de la société. Les Minimes furent pour les enfants du peuple ce que les Jacobins et le collège étaient depuis longtemps pour les jeunes gens qui se livraient à l'étude des lettres et des sciences (1).

COMPIÈGNE. — A Compiègne, le prieuré de Saint-Pierre, dépendant de l'abbaye de St-Corneille, fut occupé par une communauté de Minimes, à la suite d'un concordat passé avec les bénédictins, le 6 octobre 1609, et ratifié en cour de Rome, le 22 juin 1610.

PÉRONNE. — Une semblable communauté fut fondée à Péronne, également en 1610, par le seigneur de Bernieules qui se fit minime sous le nom de père de Créquy (2).

CHAUNY. — Une autre colonie des mêmes religieux fut encore installée à Chauny en 1619 par Nicolas Jacquart, chanoine et écolâtre de Noyon, qui lui resigna en 1621 le prieuré simple de Ste-Madeleine de Villeselve (3).

Dans ces trois villes, comme à Beauvais, les Minimes obtinrent tout le succès que leur zèle était en droit d'attendre. Il importe de dire que leurs écoles ressemblaient plus à des catéchismes qu'à des classes proprement dites.

2. — *Les Frères de la doctrine chrétienne.* — NOYON. — Trois enfants du vénérable Jean-Baptiste de la Salle, frère Hubert, frère Magloire et frère Esprit arrivèrent à Noyon, le 8 mars 1739, afin d'y établir une école publique pour l'instruction gra-

(1) DELETTRE, *Hist. du diocèse de Beauvais*, t. III, p. 383. — LOUVET, *Hist. et Antiq. du Beauvaisis*, t. I, p. 789.

(2) GRAVES, *Stat. Compiègne*, p. 112.

(3) COLLIETTE, *Mémoires du Vermandois*, t. I, p. 639.

tuite des garçons. A leur subsistance furent consacrés
les revenus d'une école de charité précédemment
fondée. On y ajouta le produit de 2,000 liv. léguées
par Debeaucousin, chanoine de Noyon, pour l'instruction des pauvres. Le tout forma 200 liv. de rente.
C'était la nourriture d'un frère. L'évêque de Noyon
fit une pension de 200 liv. pour chacun des deux
autres frères et se chargea de l'entretien des bâtiments.
La maison des frères fut construite rue du Gard, en
la paroisse de St-Martin (1).

COMPIÈGNE. — La ville de Compiègne avait depuis
longtemps en la paroisse de Saint-Antoine une école
pour les enfants pauvres, fondée par l'abbé Marc-
Antoine Hersen. Mais la paroisse de Saint-Jacques
se trouvait à peu près dépourvue d'instituteurs pour
ses petites écoles.

L'abbé Picard, grand vicaire et supérieur du Séminaire du Puy-en-Velay, enfant de Compiègne comme
l'abbé Hersen, conçut la pensée de la doter des bienfaits de l'instruction, en y appelant les Frères de la
Doctrine Chrétienne. Bien des difficultés contrarièrent
ses desseins. Il mourut sans les avoir vus réalisés.
Henri-Joseph-Claude de Bourdeilles, évêque de Soissons, auquel il confia le soin d'exécuter ses dernières
volontés, profita du séjour de Louis XV à Compiègne pour régler, le 3 août 1772, de concert avec le
duc de Laval, gouverneur de la ville, les officiers
municipaux et les notables, toutes les conditions de
l'admission des Frères. Le 15 août, le frère Exupère,
l'un des assistants du supérieur général, arrivait à
Compiègne, muni de pleins pouvoirs pour préparer
l'installation. Les classes furent ouvertes, le 12 octobre
1772, en la rue d'Ardoise, vis-à-vis la rue d'Enfer.

Grâce aux encouragements de l'abbé Boulanger,
curé de Saint-Jacques, qui avait montré à ses paroissiens les avantages de l'instruction gratuite donnée par les religieux, les frères Joachim et Sigis-
mond virent plus de cent enfants, leur arriver dès

(1) COLLIETTE, *Op. cit.* t. III, p. 419.

le début. En 1790, la ville acheta le couvent des Minimes, vendu comme propriété nationale, et y transféra l'école des Frères. Fermées peu de temps après, en 1792, à la suppression de l'Institut, les classes ne furent réouvertes qu'au bout de 27 ans, en 1818. Elles obtiennent tous les jours de nouveaux succès (1).

3. *Les Religieuses Clarisses.* — CHAUNY. — Une abbaye de l'ordre de Sainte-Claire fut fondée à Chauny, au faubourg du Brouage, en 1480. Les religieuses s'établirent dans la ville, rue des Juifs, en 1558, et s'imposèrent la clôture en 1634. La réforme des Urbanistes eut lieu en 1636. Le pensionnat annexé au monastère jouissait d'une grande réputation (2).

4. *Les Religieuses du Tiers-Ordre de Saint-François.* — BEAUVAIS. — L'établissement des religieuses du Tiers-Ordre de Saint-François fut autorisé à Beauvais, par lettres patentes de Louis XI, données à Brie-Comte-Robert, le 12 juin 1480. Le 5 novembre suivant, sur la demande de Jean Mercadé, maire et de Laurent Danse, procureur général des habitants de la ville, Nicolas Mennessier, licencié ès-lois, lieutenant général du bailli de Senlis les mit en possession d'une ancienne maison de béguines. D'après leur vocation, elles devaient « en toutes maladies contagieuses et autres, visiter, panser, garder et conforter les malades, également les pauvres comme les riches, donner bon conseil aux fourvoyans de la voye de raison, consoler les désolés, et faire autres humbles et agréables services. » L'instruction des enfants occupa une grande place dans leurs offices de charité surtout à partir du xviie siècle. « Quoique cette maison, qui renferme trente-six religieuses de chœur et dix converses, ne se soit pas vouée à l'éducation publique, disent les *Tablettes historiques et géographiques* du département de l'Oise, année 1792,

(1) LE Cte DE MARSY, *Les Frères des Écoles Chrétiennes à Compiègne* ; Soc. histor. de Compiègne, t. III, p. 262.

(2) LEDOUBLE, *État religieux ancien et moderne du diocèse de Soissons*, p. 72 et 330.

le désir d'être plus utiles encore a porté ces dames à recevoir des pensionnaires, et elles y sont élevées avec beaucoup d'attention. Supérieure : Madame Caboche de Saint-Charles (1). »

CIRES-LES-MELLO. — Les sœurs du Tiers-Ordre de Saint-François vinrent, dès l'an 1620, occuper à Cires-les-Mello une ancienne maison hospitalière, fondée depuis 1524, dans le but de prendre soin des malades et d'élever chrétiennement les jeunes filles (2).

CHAUMONT. — A Chaumont-en-Vexin une communauté des mêmes religieuses prit en 1644 possession d'un vieil hôpital, dit de Saint-Antoine, dans la paroisse de Laillerie. Le quart des revenus de cet établissement fut, par lettres patentes du roi Louis XIV, donné avec la maladrerie de Saint-Lazare de Chaumont, à l'Hôtel-Dieu de Gisors, en juillet 1697, à la charge de recevoir les pauvres malades de Chaumont en proportion de ces revenus. L'hôpital de Saint-Antoine prit dès lors le nom de couvent de Sainte-Elisabeth. Il fut abandonné en 1770. Ses revenus trop modestes ne suffisaient plus à son entretien (3).

5. *Les Ursulines.* — BEAUVAIS. — Les Ursulines doivent leur établissement à Beauvais à Marie de Bourbon, duchesse d'Orléans, belle-sœur de Louis XIII. Cette princesse leur obtint du roi, au mois de décembre 1626, des lettres-patentes qu'elles présentèrent à la ville au mois de mars suivant. Leur proposition fut favorablement accueillie. Le 11 mars, il y eut assemblée générale de la population à l'Hôtel de Ville. Le maire exposa « que l'establissement des Ursulines estoit nécessaire et utile à la ville, qui estoit remplie d'un grand nombre de pauvres filles, qui, pour leur pauvreté, ne pouvoient estre endoctrinées en la religion chrétienne ; que ces religieuses

(1) P. LOUVET, *Hist. et Antiq. du Beauvaisis*, t. I, p. 755. — E. CHARVET. *L'Instruction publique à Beauvais* ; *Soc. Acad. de l'Oise*, t. X, p. 402.

(2) GRAVES, *Stat. Neuilly-en-Thelle*, p. 69.

(3) FRION, *Stat. Chaumont*, p. 127.

tenoient les escolles ouvertes et s'adonnoient du tout
à endoctriner gratuitement les petites et grandes filles ;
qu'il valloit mieux establir un couvent d'icelles en la
ville de Beauvais, pour y mettre les enfants de la
ville, que de les envoyer ès-villes d'Amiens, Pontoise,
Paris et autres villes voisines. » Quelques personnes
objectèrent « qu'il y avoit les religieuses de Saint-
François pour endoctriner les filles de la ville, qui
tenoient les escolles ouvertes ; qu'il y avoit assez de
couvents en Beauvaisis pour y mettre les filles de
la ville ; » mais la grande majorité des habitants se
prononça pour l'admission des nouvelles religieuses.
Les Ursulines arrivèrent d'Amiens à Beauvais le
8 avril 1627. Elles allèrent d'abord s'installer en
l'hôtel de l'Epervier, dans la grande-rue Saint-Martin. En 1631, leur résidence était sur la paroisse de
St-Etienne. Elles se fixèrent définitivement en 1698
dans la rue des Jacobins, où elles avaient fait bâtir un
vaste couvent. Les *Tablettes historiques et géographiques* du département de l'Oise, année 1792, font d'elles
cet éloge : « Vouées par état à l'éducation des jeunes
demoiselles, elles continuent de remplir ce devoir
pénible avec le zèle le plus soutenu, et nous leur
devons cet honorable souvenir. Cette maison est
composée de 23 religieuses et de 9 converses. Supérieure : Madame Escouvette (1). »

CLERMONT. — Il y avait 12 ans que les Ursulines
avaient un monastère à Beauvais, quand la ville de
Clermont les reçut dans ses murs. Elles y furent
appelées, en octobre 1639, par Anne de Montausier,
comtesse de Clermont. On les fit venir de Pontoise.
La délibération qui leur donnait droit de cité avait
réuni l'unanimité des suffrages. L'évêque de Beauvais, Augustin Potier, leur donna des lettres d'institution canonique.
Choart de Buzenval, son successeur, unit à leur
couvent la chapelle de Giencourt avec ses propriétés
à la Neuville-en-Hez, Litz ¿et Rue-Saint-Pierre,

(1) P. LOUVET, *Hist. et Antiq. du Beauvaisis*, t. I, p. 795 ; — E. CHAR-
VET, *Op. cit.* p. 400.

par ordonnance du 2 mai 1673, homologuée au Parlement le 5 septembre suivant.

A Clermont, comme à Beauvais, les Ursulines se consacrèrent à l'instruction des enfants pauvres. Les dons affluèrent pour les aider dans leur œuvre de dévouement et de charité. Parmi les nombreuses propriétés dont leur maison fut dotée, on compte les fermes du Tillet près de Cires-les-Mello, de Follemprise près de Rousseloy, de Valescourt, du Grand-Hôtel à Canettecourt, des terres à Fournival, Lieuvillers, Saint-Remy-en-l'Eau, Cambronne, Neuilly-sous-Clermont, Hondainville, Mouy, Rantigny, Laigneville, Campremy, Beauvoir, Vandeuil, Airion, Agnetz, Saint-Aubin, Cauvigny, Laversines, etc., etc.

La Révolution expulsa les Ursulines, comme elle chassa toutes les autres congrégations religieuses. En 1795, Jean-Dominique Cassini leur offrit la moitié de son château de Thury et une partie du parc pour y établir un pensionnat. L'abbé de la Rochelambert fut appelé à diriger l'établissement. Dénoncé pour ces faits aux agents révolutionnaires de Beauvais, Cassini leur écrivit une lettre pleine de fermeté dans laquelle il confondit la mauvaise foi et la malhonnêteté de ses accusateurs. Le pensionnat prospéra jusqu'en 1808, époque à laquelle les Ursulines retournèrent à Clermont (1).

Noyon. — La ville de Noyon plaça les Ursulines à la tête de ses écoles en 1628. Elles prirent possession de l'hôpital ou couvent qu'on leur avait préparé, le mardi 15 février de cette année. Des lettres patentes leur furent délivrées à Paris au mois de mars suivant. Henri de Baradat, évêque de Noyon depuis deux ans, approuva cette fondation que la population désirait depuis longtemps.

Crépy-en-Valois. — L'établissement des Ursulines à Crépy-en-Valois remonte à l'année 1620. Six

(1) Delettre, t. III, p. 419 ; — Graves, Stat. Clermont, p. 94. — E. Charvet, p. 401.

pieuses filles de la ville, Barbe Rangueil, fille de François Rangueil, lieutenant général au bailliage de Crépy, Claire Lemasson, Marie et Marguerite Baussay, Marie Pellart et Marguerite de Vandeuil, conçurent le projet de se vouer à l'éducation des jeunes filles. Elles en sollicitèrent l'autorisation du cardinal de la Rochefoucault, évêque de Senlis, qui, le 14 mars 1620, leur permit de « vivre en communauté et d'instruire la jeunesse de leur sexe, tant en piété chrestienne, lecture, escripture qu'aux ouvrages à icelles décens. » Jacques Rangueil, doyen de Saint-Thomas de Crépy, leur fut en même temps donné pour directeur. Le 13 juillet suivant, elles prirent l'engagement de vivre en communauté. Le lendemain, elles se partagèrent les charges par voie d'élection. Barbe Rangueil fut élue supérieure, Marguerite de Vandeuil, mère gouvernante, et Claire Lemasson « maîtresse et professe des escholles. » Le 20 juillet, elles achetèrent une maison près du château et s'y installèrent. Au mois d'octobre 1622, les habitants de Crépy, extraordinairement assemblés, reconnurent l'utilité de la nouvelle institution et y donnèrent leur assentiment. Louis XIII, par brevet du 15 septembre 1623, puis par lettres patentes du 9 décembre suivant, enregistrées au Parlement le 10 décembre 1625, approuva cette fondation et donna aux institutrices une partie du donjon de Crépy, consistant en trois hôtels, deux jardins enclos jusqu'à la muraille qui séparait les cours de l'ancien château d'avec celles du fort où étaient les tours. Huit sœurs composaient alors la communauté. Elles consacrèrent tout leur avoir à doter leur maison et réunirent ainsi 14,352 liv. et 8 muids de blé de surcens, à prendre sur la famille de Barbe Rangueil. Nicolas Sanguin, successeur du cardinal de la Rochefoucault sur le siège de Senlis, confirma leur établissement, le 13 mai 1624, et leur persuada d'adopter la règle de Saint-Augustin, dite de Sainte-Ursule. Trois religieuses Ursulines, mandées de Paris, vinrent aussitôt enseigner à Crépy les règlements et les coutumes de leur congrégation. Des onze sœurs, for-

mant la communauté, trois seulement changèrent de
résolution. Les huit autres prirent l'habit, le 8 septembre 1624, firent leur noviciat sous la direction
des religieuses venues de Paris, et furent admises à
la profession les 10, 11 et 12 septembre 1626. Barbe
Rangueil mourut le 3 février 1635, à l'âge de 63 ans.
En 1695, la communauté comprenait 47 religieuses
de chœur, 2 novices, 11 sœurs converses et 3 tou-
rières. Ses revenus étaient de 11,060 liv. Le pensionnat
s'acquit une grande réputation (1).

6. *Les Augustines de la Présentation de Senlis.* —
Dans les années 1628 et 1629, l'évêque de Senlis,
Nicolas Sanguin, fonda en sa ville épiscopale, au
milieu de difficultés de tous genres un couvent de
religieuses Augustines. Il les installa solennellement,
le 25 mai 1629, dans une maison qu'il fit construire
pour elles en la rue de Meaux, et donna l'habit à
leur première supérieure, Catherine Dreux. Les
sœurs Augustines devaient tenir « pension de demoiselles et écoles gratuites pour les jeunes filles de la
ville. » Une bulle du pape Urbain VIII, datée du
4 janvier 1628, avait approuvé l'institution de ce
monastère. Son but, dit la bulle, sera « d'apprendre
à lire, à écrire, tapisser, peindre et autres exercices
honnestes et sortables à leur sexe. » En 1632, sept
religieuses s'y consacraient à l'instruction des jeunes
filles de Senlis « tant riches que pauvres, dit
Jaulhay, purement par charité (2). »

7. *Les Filles de la Croix.* — CHAUNY. — L'institut des sœurs de la Croix date de l'an 1625. Le
crime d'un maître d'école en motiva la fondation.
Roye en Picardie est son berceau. Claude Bucquet,
curé de Saint-Pierre, en cette ville, et Pierre Guérin,
curé de Saint-Georges, réunirent quatre personnes
pieuses auxquelles ils confièrent l'éducation des

(1) CARLIER, *Hist. du Valois*, t. III, p. 49 ; — Titres originaux aux *Arch. de l'Oise, Couvent des Ursulines.*

(2) MULLER, *Rues, places de Senlis*, Art. *Présentation.*

jeunes filles. Les épreuves ne manquèrent point à cette communauté naissante qui prit le nom de *Société des Filles de la Croix*. L'établissement fut ruiné en 1636, lors de la prise et du pillage de la ville de Roye par les Impériaux et les Espagnols. Le supérieur Claude Bucquet fut tué. Les sœurs cherchèrent alors un refuge à Paris auprès de Marie Lhuillier, veuve de M. de Villeneuve, qui les installa peu après à Brie-Comte-Robert.

Le 28 avril 1659, trois religieuses, parties de cette maison, arrivaient à Chauny pour y ouvrir une école. C'étaient la sœur Tavernier, *première* ou supérieure, la sœur Saunier et la sœur Chevreau. Elles étaient envoyées par le célèbre docteur et missionnaire Germain Gillot, leur supérieur général depuis la mort de Pierre Guérin. François Mahieu, natif d'Ognolles et prêtre habitué de Saint-Martin, à Chauny, les avait demandées pour instruire la jeunesse. L'Hôtel-de-Ville leur servit pendant quelques mois de résidence. Le 5 août, elles prirent possession d'une maison que F. Mahieu mit à leur disposition près du portail de l'église Saint-Martin. Mais ce n'est qu'en 1679 qu'elles s'installèrent définitivement dans une maison spacieuse sur la place de l'Hôtel-de-Ville. Henri de Baradat, évêque de Noyon, approuva cette fondation, dès le 17 octobre 1659.

F. Mahieu, laissa ses biens aux religieuses par testament. La communauté de Chauny devint prospère. Le pensionnat qu'elle ouvrit à côté de son école rivalisa avec celui des religieuses Clarisses. La Révolution vint tout détruire. Quand la tourmente fut passée, les sœurs de la Croix relevèrent leur établissement qu'elles dirigent toujours avec succès.

SAINT-QUENTIN. — Germain Gillot, faisant une mission à Saint-Quentin, au commencement de l'année 1672, fut contristé de l'ignorance dans laquelle vivaient les jeunes filles du peuple. Il résolut aussitôt de fonder pour elles une école de sœurs de la Croix. Le corps de ville, auquel fut

soumis le projet, y donna son consentement le 11
mars. L'évêque de Noyon l'approuva le 1er juin.
Trois sœurs, Marie Girault, *première*, Jeanne
Godquin et Antoinette Hautot furent immédiatement appelées de la maison de Chauny. Elles tinrent
leur école en une chambre haute dans la rue de la
Gréance, paroisse de N.-D. Le grenier leur servit
de dortoir. En 1674, elles achetèrent, pour s'y installer plus commodément, l'auberge du *Cheval-
Bayard*, sise en la même rue de la Gréance. Le
corps de ville trouva mauvais cet agrandissement.
Les petits marchands, il est vrai, se plaignaient
qu'on leur faisait concurrence ; car les sœurs,
pourvoyant à leur subsistance par leur travail, ven-
daient à meilleur compte qu'eux des ouvrages plus
beaux que les leurs. Il n'en fallut pas davantage
pour faire annuler le contrat d'acquisition du *Cheval-
Bayard*. Les religieuses reçurent en même temps
l'ordre de se borner à l'office de maîtresses d'école
et de n'apprendre aux jeunes filles qu'à prier et
servir Dieu, à lire et à écrire. L'intendant de la
province, Rouillé, à qui elles adressèrent leurs
justes réclamations, ne se pressa pas d'y faire
droit. L'acquisition fut abandonnée. Les sœurs
louèrent alors une maison dans l'étendue de la
juridiction du Chapitre ; mais dès l'année suivante,
1676, elles la quittèrent pour aller s'établir rue
Saint-Jacques.

Le corps de ville n'en persistait pas moins dans
son mauvais vouloir et recourait chaque jour à de
nouvelles tracasseries. Il fit abattre dans la nuit du
26 septembre 1681 la croix placée sur la porte exté-
rieure de la maison des religieuses avec cette inscription : *Les Filles de la Société de la Croix*. Il
eut honte ensuite de ces procédés injustes, reconnut
le mérite des sœurs, et fit replacer lui-même la croix
et l'inscription le 17 mai 1682. Les religieuses ne
s'étaient point découragées au milieu de ces tribu-
lations; elles avaient d'ailleurs l'appui de l'évêque
et du clergé. Le roi leur accorda, en mai 1682, des
lettres-patentes approuvant leur communauté et leur

permettant d'acquérir des rentes et d'autres biens.
Elles reçurent de F. Mahieu, de Chauny, 3,000 liv.
Jacques Maillet, leur curé, leur donna également
cinq à six mille livres, mais à la condition qu'elles
instruiraient gratuitement les filles pauvres. Leur
maison devint de plus en plus florissante. Les
sœurs étaient au nombre de 22, quand la Révolution
les dispersa. Leur école fut réorganisée en 1801.
Elles sont aujourd'hui établies dans une grande et
belle maison située dans la rue du Gouvernement,
où elles tiennent un pensionnat et un externat justement estimés.

NOYON. — L'établissement des sœurs de la Croix,
à Noyon, fut autorisé comme leurs autres maisons
de Roye, Saint-Quentin et Chauny, par lettres-
patentes royales du mois de mai 1682. Les règles et
constitutions de la société furent approuvées par
François de Clermont-Tonnerre, évêque de Noyon.

NESLE. — En 1695, Barbe Cathoire, religieuse de
la Croix, née à Saint-Quentin, quitta la communauté
de cette ville, pour aller ouvrir une école dans la
ville de Nesle. Les jeunes filles de Nesle étaient alors,
dit Colliette, « prévenues de la plus crasse ignorance. »
Les évêques de Noyon encouragèrent cet établissement par lettres du 23 octobre 1725 et 8 septembre
1742. Il s'y trouvait onze sœurs vers 1772 (1).

SENLIS. — La ville de Senlis vit arriver dans ses
murs les filles de la Croix, le 2 juillet 1695. Elles y
furent appelées par Jean Deslyons, doyen du chapitre
de la cathédrale, qui leur donna « vingt-une mines
de blé méteil à prendre sur le territoire de Brasseuse. »
Mallet, conseiller au Parlement, leur donna la maison qu'elles occupaient, en la rue de l'Autre-Monde,
le 10 août 1727.
Leur établissement excita d'abord une grande
opposition dans le conseil de ville. « Il est venu,

(1) COLLIETTE, t. III, p. 388, 391 ; LEDOUBLE, *Etat religieux, ancien et moderne du diocèse de Soissons*, p. 325 à 333.

dit le rapporteur, Adrien Dufresnoy (1700), il est venu
demeurer dans la ville deux filles, dites de la Croix
qui se sont ingérées de tenir escolles et prendre
pensionnaires et se sont placées au milieu de la ville
dans une grande maison à laquelle tient une chapelle de laquelle elles ont la clef. » Le rapporteur
conclut qu'elles sont inutiles et même nuisibles, puisque « la maison de la Présentation compte de 60 à
80 religieuses de chœur (1).

8. *Les Sœurs de Saint Vincent de Paul.* — Un bureau de charité pour les pauvres malades honteux et
pour l'instruction gratuite de la jeunesse du sexe,
fut créé dans la ville de Saint-Quentin en septembre
1613, mais il n'y eut d'école régulièrement tenue en
cet établissement qu'en 1698. Jusque là, la maison ne
comprenait que trois sœurs de Saint Vincent de
Paul. Une quatrième fut alors appelée pour s'occuper spécialement de la jeunesse pauvre. Ambroise
Compère, curé de Saint-Remy, légua en 1743, au
bureau de charité 2000 livres, qui, jointes à pareille
somme donnée par Mlle Botté, permirent d'avoir une
cinquième sœur de charité.

9. *Les religieuses de la Providence de Ham.* —
Sœur Jeanne Malin, née à Ham, réunit en cette
ville, dans la maison de sa mère, le 15 juillet 1677,
quelques pieuses filles dans le but d'en faire des
institutrices. Elle se mit aussitôt, de concert avec
elles, à enseigner gratuitement. L'évêque de Noyon
leur donna une permission écrite de tenir école à
Ham, le 9 octobre de la même année 1677. Jeanne
Malin acheta de vieilles masures et fit construire une
maison quelle appela la Providence. Elle y entra le
4 juillet 1678. Anne-Marie l'Ecuyer, veuve de Jean
Bucquet, par contrat du 16 janvier 1687, donna à cet
établissement 800 livres de rente, au principal de
16,000 livres à prendre sur tous ses biens.
En 1718, sœur Malin céda la propriété de sa mai-

(1) MULLER, *Rues, places de Senlis,* Art. *La Croix.*

son aux Agnétines de Péronne. Le contrat est du
30 avril. La supérieure était en 1770 Marie Elisabeth
Lemercier. Ses soins assidus, son économie, sa sage
administration, ont fait de la Providence un établissement modèle.

Le couvent de Saint-Agnès de Péronne avait lui
aussi pour mission d'élever chrétiennement les orphelines (1).

10. *Les sœurs Barrettes.* — Le R. P. Barré, minime,
né à Amiens en 1621, fonda en la ville de Rouen en
1666 la congrégation des *sœurs de la Providence* ou
des *écoles chrétiennes et charitable du Saint-Enfant-
Jésus.* Son but, en créant cet institut, fut de former
des institutrices pour l'instruction gratuite et l'éducation chrétienne des enfants pauvres. Sa congrégation fut pour les écoles des jeunes filles, ce que
celle des frères fut pour les garçons.

En 1684, Claude-François-de-Paule Lefebvre d'Ormesson, docteur de Sorbonne, doyen de l'église de
Beauvais et vicaire général du cardinal de Forbin-
Janson, demanda au P. Barré, au nom du prélat,
deux de ses religieuses, qu'il établit en la paroisse
de Saint-Etienne à Beauvais. Les enfants, dont ne
pouvaient s'occuper les Ursulines, furent recueillies
dans les nouvelles écoles, qu'on nomma les *écoles
des Barrettes* en souvenir du fondateur de la congrégation. Six mille livres données par Germain de la
Haye, écuyer, seigneur de Bernotz, le 6 octobre 1685,
et placées aussitôt à rente sur le trésor royal, servi-
rent à l'entretien des religieuses. L'abbé d'Ormesson
s'ingénia à créer des ressources pour augmenter
le nombre des sœurs, et acheta plusieurs maisons
contiguës à leurs écoles pour en faciliter l'agrandissement. Par son testament, fait le 22 juin 1712 et complété le 27 juin 1714, il laissa à l'évêque de Beauvais au profit des dames Barrettes; 1° les maisons
qu'il avait acquises pour les loger; 2° deux contrats
de rente sur les aides et gabelles, montant à 594

(1) COLLIETTE, t. III, p. 397.

livres, et deux autres de cent livres, qu'il tenait de l'abbé Chaillon, son prédécesseur; 3° 8,000 livres à prendre sur ses biens, afin de rembourser les emprunts qu'il avait contractés pour l'établissement de ses écoles. La délivrance de ces legs eut lieu le 28 juillet 1717. Un mémoire manuscrit conservé à l'Hôtel-de-Ville de Beauvais nous donne sur les sœurs Barrettes les renseignements suivants : « Leur mission est d'instruire les personnes du sexe, grandes et petites, soit dans les écoles, soit par des catéchismes publics ou des conférences particulières, d'affermir dans la foi les nouvelles converties et de former des maîtresses d'école pour les paroisses de la campagne. A Beauvais, elles eurent toujours deux classes séparées, l'une pour la lecture et le catéchisme, l'autre pour l'écriture, l'orthographe, l'arithmétique etc. La durée de ces classes était de deux heures et demie le matin et de même temps le soir. Une troisième classe réunissait plusieurs grandes filles qui, ne pouvant fréquenter régulièrement l'école, s'y rendaient quand elles étaient libres. On recevait aussi à toute heure celles qui ne pouvaient venir à heure fixe. Tous les dimanches, il y avait une instruction publique pour les personnes du sexe. Dès l'origine les sœurs Barrettes joignirent à leurs écoles un vaste ouvroir, où les grandes filles apportaient leur ouvrage et travaillaient depuis le matin jusqu'au soir. On en comptait parfois jusqu'à 60.

« Dans l'enceinte de la communauté également fut établie une petite pension d'orphelines avec une directrice spéciale. On y élevait ces pauvres déshéritées dans la crainte de Dieu et l'amour du travail. Elles pouvaient même y demeurer, étant plus avancées en âge, à la seule condition d'observer exactement la règle. La maison a entretenu jusqu'à dix-neuf orphelines. Il s'est trouvé un temps où la communauté comptait 14 religieuses. Leur nombre a été ensuite réduit à sept. Trois sœurs sont allées tenir des écoles à la campagne. L'évêque de Beauvais pourvoyait à leur entretien. Deux buts ont été atteints par l'établissement des sœurs Barrettes. Le premier était de suppléer à ce que ne pouvaient faire les Ursulines, et le second d'obtenir un enseignement uniforme dans le diocèse au moyen de maîtresses préparées tout spécialement pour tenir les écoles des paroisses. Partout les écoles des sœurs Barrettes étaient gratuites pour les grandes filles, comme pour les petites. »

Marguerite de Regnonval leur donna par testament 450 livres de rente, dont le titre leur fut remis le 18 novembre 1741. Au reste, les religieuses ont consacré à l'œuvre de l'éducation des jeunes filles, non seulement leurs personnes, mais aussi leur fortune. L'établissement recevait de sœur Marguerite Martin, supérieure, 108 l. de rente, le 28 avril 1760 ; 135 l. de rente, le 29 janvier 1761 ; 136 l. de rente, le 3 septembre 1768 ; de sœur Marie-Madeleine Acoulon 105 l. de rente, le 28 avril 1760 ; de sœur Marie-Anne Clément 112 l. de rente, le 29 août 1764 et 88 autres livres de rente, le 2 septembre 1768.

Sœur Marguerite Martin mourut le 23 octobre 1772. Son corps fut inhumé le lendemain en l'église Saint-Etienne, en présence de Marguerite Martin, dite sœur Paul, et Louise Pelisson, ses nièces.

Les *Tablettes* de 1792 nous apprennent que les dames Barrettes étaient alors au nombre de dix, et quelles avaient pour supérieure Mme Pelisson. Elles prirent l'habit séculier et le portèrent jusqu'à la fin de leur existence. Elles continuèrent à instruire les « petites demoiselles. » La suppression des Ursulines et des religieuses de Saint-François leur amena les enfants de presque toutes les familles de la ville (1).

11. *Les Nouvelles Catholiques de la Sainte-Famille-de-Jésus.* — Noyon eut une institution analogue à celle des Barrettes dans la communautés des Nouvelles Catholiques de la Sainte-Famille-de-Jésus. La

(1) *Arch. municip. de Beauvais.* — *Arch. de l'Oise. Sœurs Barrettes.* — E. CHARVET. *Op. cit.* p. 402.

Cour leur donna des lettres patentes en mars 1679 ;
mais elles ne furent enregistrées que le 14 décembre
1688. Les religieuses tenaient école pour la jeunesse
de leur sexe, et formaient gratuitement à la fonction
d'institutrice les filles ou les veuves qui en manifes-
taient le désir. Ce fut le séminaire de toutes les maîtresses d'écoles du diocèse de Noyon. Antoine Allet,
ancien curé de Pont-l'Evêque et chanoine de Noyon,
avait établi cette communauté dans la paroisse de
Saint-Germain. Il lui donna 400 l. Les premières
religieuses, Marguerite et Marie Letellier, apportèrent
6,000 liv. Lors de son approbation définitive, la nouvelle congrégation comptait huit religieuses. Une
fondation importante, due à Charles et François
Caignard, lui permit d'ouvrir des écoles dans les
paroisses de Lagny, Beaulieu, Ecuvilly, Vauchelles
et Porquéricourt.

Une maison de la même congrégation fut fondée
à St-Quentin. « Sœur Jeanne Matoulet, née à
St-Quentin, où elle mourut en février 1733, nous dit
Colliette, légua par testament à la Sainte-Famille
de Noyon ses biens et notamment sa maison, rue
d'Isenghien à St-Quentin, pour y loger une sœur
d'école qui serait envoyée par la maison-mère de
Noyon et destinée aux fonctions de l'Institut. » (1)

12. *La Congrégation des Sœurs de l'Enfant-
Jésus de Soissons.* — Cette congrégation a été fondée
en 1708 par Elisabeth-Marguerite de Boyelle, marquise de Genlis, veuve de Florimond Bruslart, avec
le concours de Mme de Valgencheuse, dame de
Beaumont, sa mère et son héritière. Beaumont-en-
Beine est le berceau de l'institut. La marquise de
Genlis commença par réunir en société plusieurs
jeunes filles, auxquelles elle confia l'école paroissiale,
qui existe encore sous la même direction. Sa première
pensée était de créer un séminaire d'institutrices
pour le diocèse de Noyon, mais les difficultés qu'elle
rencontra l'obligèrent à modifier cette destination.

(1) COLLIETTE, t. III, p. 393. — *Arch. de l'Oise. Sainte-Famille.*

Elle demanda conseil à son parent Fabio Bruslart de Sillery, évêque de Soissons, et dès l'année 1714 la nouvelle communauté s'établit à Soissons, rue de la *Cloche-Fondue*, dans une maison dont la marquise fit l'acquisition et où elle mourut le 19 juillet 1724.

Jean-Joseph Languet de Gergy, qui succéda en 1715 à Fabio Bruslart de Sillery, prit les religieuses sous sa protection, leur donna des règles et constitutions et les consacra à l'Enfant-Jésus. La congrégation fut confirmée par lettres-patentes du 28 février 1727, enregistrées au Parlement en juillet suivant et au bailliage de Soissons en juin 1732. Les règles furent approuvées de nouveau en 1740 par François de Fitz-James.

Les religieuses de l'Enfant-Jésus, appelées également sœurs de Genlis, du nom de leur fondatrice, comptaient en 1789 plus de vingt établissements. Elles ouvrirent des écoles à Auteuil-en-Valois en 1728 ; à Verberie en 1729 ; à St-Crépin-aux-Bois en 1787. L'Hôpital de Compiègne leur fut confié en 1767. (1)

13. *Les filles de la Congrégation de Notre-Dame.* — La Congrégation de N.-D. a été instituée par le bienheureux Pierre Fourrier, curé de Mataincourt, mort le 9 décembre 1640, pour la bonne et pieuse instruction des jeunes filles et leur éducation gratuite. Elle avait une maison à Soissons avant son établissement à Compiègne. Le 16 janvier 1644, les religieuses de la communauté de Soissons demandèrent aux gouverneurs attournés de Compiègne la permission de fonder un couvent dans leur ville. Le corps de ville et les notables, convoqués par Jacques Crin, conseiller du roi, lieutenant en la prévôté foraine de Compiègne, se réunirent le mardi 30 août 1644 pour délibérer à ce sujet.

La proposition des filles de la congrégation de

(1) LEDOUBLE. *Etat religieux ancien et moderne des pays qui forment le diocèse de Soissons*, p. 339.

N.-D. fut favorablement accueillie. On leur imposa
toutefois quelques conditions que nous allons énu-
mérer : « Les religieuses devront habiter le petit
Ourscamp, maison qu'elles demanderont au cardinal Mazarin, abbé d'Ourscamp. Elles devront faire
constater qu'elles ont les 2.000 livres de rente qui
sont nécessaires à 20 ou 24 religieuses. Elles ne pourront rien acquérir ni dans la ville ni à six lieues à la
ronde en fait d'immeubles, sans le consentement des
échevins. Elles devront préférer les filles des habitans
de la ville aux filles des forains, tant pour les pensions, que pour être admises dans la congrégation.
Elles seront toujours obligées d'instruire gratuitement
sans aucune espérance de salaire, les pauvres comme
les riches, qu'elles recevront indistinctement en leurs
escolles. »

Alexis Perrin, dite Ignace de St-Nicolas, supérieure
de la communauté de Soissons, députée par Simon
le Gras, évêque de Soissons et abbé de St-Corneille,
vint établir pour supérieure à Compiègne, Marie Mo-
tel, dite de la Conception, native de Compiègne,
âgée de 33 ans, et pour assistantes Catherine Bran-
che, dite de l'Incarnation, et Jeanne-Marie. L'installation se fit le samedi 4 août 1645. Le monastère
n'a jamais été assis sur des bases solides. La maison de Soissons lui a prêté de l'argent. La reine
mère Anne d'Autriche l'a prise sous sa protection
et lui a donné quelques secours. D'autres bienfaiteurs
sont venus aider la communauté à acquérir des biens
et à se constituer des rentes. Malgré cela, au bout
d'un siècle, les bâtiments claustraux tombaient en
ruine, et les fonds manquaient pour les relever. Sur
ces entrefaites la reine Marie Leczinska invita les
religieuses à venir se fixer à Versailles. Elle voulait
y fonder une maison où les filles des personnes attachées à la famille royale, trouveraient une retraite sûre
pendant les voyages de la cour. Les filles de la
Congrégation de N.-D. acceptèrent cette offre avec
empressement. Par brevet du 31 juillet 1771, le roi
donna les autorisations nécessaires. De son côté, le
25 octobre suivant, l'évêque de Soissons, Henri-

Joseph-Claude de Bourdeilles, prononça l'extinction du couvent de Compiègne et sa translation à Versailles.

14. *Les Sœurs de la Ste-Famille.* — L'abbé Boulanger, curé de St-Jacques et l'abbé Duquesnoy, curé de St Antoine, avaient bien consenti au départ des filles de la Congrégation de N.-D., mais en gardant l'espoir de les remplacer bientôt par des religieuses d'une autre communauté. Il existait, à Compiègne, il est vrai, un couvent de religieuses de la Visitation Ste-Marie fondé par la reine régente, Anne d'Autriche, installé le mardi 13 juin 1649 et confirmé par lettres patentes du mois de novembre 1656 ; mais cette communauté, quoique se livrant à l'enseignement, ne pouvait suppléer complètement les religieuses de la congrégation de N.-D. L'évêque de Soissons se chargea de trouver aux paroisses de la ville de nouvelles institutrices. Le 4 avril 1779, il écrivit à l'abbé Duquesnoy que les filles de la Ste-Famille, établies à la Villette, près Paris acceptaient d'ouvrir une école à Compiègne. « Ce n'est qu'après m'estre assuré, lui dit-il, que ces filles étaient pleines de vertu, de zèle, d'intelligence et de capacité, qu'en un mot, elles méritaient la bonne réputation dont elles jouissent dans la capitale et ses environs, que je me suis déterminé à leur confier par préférence l'éducation des jeunes enfans de votre paroisse. Cette éducation sera entièrement gratuite. Les parents n'auront d'autre dépense à faire que celle des livres, de l'encre, du papier, des plumes, d'un tabouret et des instruments nécessaires pour le travail. J'ay pourvu à ce qu'il ne leur en coûtât rien pour le bois en hyver et pour les chandelles dans tout le cours de l'année. Il n'en sera pas de cet établissement comme des écoles ordinaires. Les enfants entreront le matin et ne sortiront que le soir, et par ce moyen l'éducation que l'on recevra sera à tous égards supérieure à celle que l'on donne ordinairement. On apprendra aux enfans, non seulement les principes de la religion chrétienne, à lire, à écrire,

à calculer, mais encore à travailler en les accoutumant ainsy de bonne heure, à un travail assidu et convenable à leur sexe. On en formera des filles honnestes qui sauront s'occuper utilement et qui deviendront dans la suite de bonnes mères de famille. On n'y admettra que les filles de bourgeois, marchands et artisans des deux paroisses, pourvu encore qu'elles sachent épeler, qu'elles n'ayent pas fait leur première communion, qu'elles soient tenues proprement et exemptes de toute infirmité corporelle ; on n'en recevra pas au-dessous de six ans, mais on les gardera même après leur première communion et aussy longtemps qu'il plaira aux parens de les y laisser. Les filles des parens reconnus pauvres, ne pourront y être admises dans aucun cas et sous quelque prétexte que ce puisse estre, parce que la Providence leur a assuré parmi nous d'autres moyens d'instruction, et que le trop grand nombre d'enfans serait un obstacle au grand bien que doit faire ce nouvel établissement. C'est encore par cette même raison que les filles dont les parents ne seraient point domiciliés sur l'une ou l'autre paroisse, ne pourront y estre reçues.

« Afin de donner plus d'extension au mérite de la bonne œuvre, j'ay autorisé les filles de la Sainte-Famille, sur les demandes réitérées qu'elles m'en ont faites, à former un pensionnat, un demy-pensionnat, et leur ay permis d'y recevoir comme pensionnaires, ou demy-pensionnaires, non-seulement les enfans de la ville, mais encore celles de tout autre endroit que ce soit ; à condition toutefois que l'éducation sera absolument la même pour les pensionnaires, demy-pensionnaires et pour les externes, sans aucune distinction ny préférence. Car mon intention est et sera toujours que cet établissement tourne au plus grand bien des externes et même c'est particulièrement pour les externes que je m'empresse de le faire. » (1)

(1) DIRMANT, Congrégations relig. de Compiègne, ms. Bibl. du Palais de Compiègne.

Cette étude sur les écoles ne peut s'appeler une histoire. Ce n'est qu'un recueil de documents, d'ailleurs bien incomplet. L'histoire des écoles pourra s'écrire quand toutes les archives auront été dépouillées, et tous les faits recueillis.

Nous remercions vivement toutes les personnes qui nous ont transmis des renseignements. Nous recevrons toujours avec reconnaissance les documents qu'on voudra bien continuer à nous adresser. Les erreurs n'ont pu manquer de se glisser dans un si grand nombre de faits, de noms, de dates. On nous rendra service en nous les signalant.

Tous, nous avons à cœur de glorifier la sainte Eglise, notre mère, en montrant tout le zèle qu'elle a su déployer, tout le dévouement qu'elle a prodigué et tous les sacrifices qu'elle a provoqués, aussi bien pour propager les sciences et les lettres, que pour faire progresser la civilisation dans notre pays.

PIÈCES JUSTIFICATIVES

I

Constance, évêque de Senlis, vend à Rothard un terre sise à Bray, appartenante à l'église de St-Rieul.

15 avril 972.

In nomine Domini eterni et Salvatoris nostri Jehsu Christi, Constantius, sancte Silvanectensis ecclesie episcopus, notum esse volumus omnibus sancte Dei ecclesie fidelibus nostris, presentibus atque futuris, quoniam quidam vir, nomine Rothardus, adiit mansuetudinis clementiam nostre ac clericorum sub nostro degentium regimine benignitatem, humiliter postulans quatinus, si libuerit karitatis fervori nostre, concederemus ei sueque mulieri atque uno heredi quamdam terram de potestate et ratione Sancti Reguli, que est sita in pago Silnectensis (*sic*) in villa que dicitur Braio, hoc est mansa dua et dimidium. Nos vero petitionibus ejus humiliter assentientes, pari cum consensu omnium nostrorum fidelium tam clericorum, quam etiam et laicorum, concessimus ei, sueque uxori, atque uno heredi jamdictam terram, eo videlicet tenore ut dum advinxerint (*sic*) irrefragabiliter teneant atque possideant, tantum ut annuatim in sollemnitate sancti Reguli sex solidos denariorum persolvere non neglegant ; sive Rotardi aut neglegentes de predicto censu apparuerint legaliter emendent, ipsamque terram in vita eorum nullo modo perdant. Post obitum quoque illorum com (sic) omni re jamdicta terra emeliorata atque multiplicata sine alicujus contraditione ad opus fratrum revertatur. Ut autem hujus nostro concessionis institutio pleniorem in Dei nomine obtineat vigorem manu propria subter firmavimus manibusque fidelium nostrorum corroborare jussimus. Acta autem in atrio Sancti Reguli, sub die XVIImo kalendas maias, anno settimo decimo episcopatus domni et venerabilis presulis Constantii, anno XXIII regnante gloriosissimo rege Lottario, nata ejus V, inditione quinta.

✠ S. domni Constantii, qui hanc cartam fecit et firmar decrevit.

S. Hildulfi decani,	S. Hilgeri sacerdotis,	S. Gunteri pueri,
S. Arnulfi prepositi,	S. Geroldi sacerdotis,	S. Gulfredi juvenculi,
S. Walteri sacerdotis,	S. Gistiani levite,	S. Gisleranni pueri,
S. Alfredi sacerdotis,	S. Hilduini diaconi,	S. Walteri pueri,
	S. Castellani levite,	

S. Bernardi levite et notarii, qui hanc cartam scripsit.

Original en parchemin, *Arch. de l'Oise, H. fonds de St-Rieul.*

II

Renaud, comte de Clermont, recommande un écolâtre à Hugues, seigneur de Gournay.

Vers 1103.

Hugoni, Gornacensi domino, Rainaldus, Dei gratia consul Claromontis, columbina simplicitate meliora grana eligere. Cum dilectionis fervor fere possit impossibilia, ac possibilitas sit fructus in omnibus mutue postulationis executio, hanc vobis, vestrisque clericis chartulam mittere non dubitavi. Est mihi magister quidam Claromonte, qui, ibi et adhuc in scholarum regimine, studet, et hoc anno studuit. Hic castelli vestri fama, vestreque dilectionis adipiscende gratia commotus, per me assequi desiderat quod animi sui voluntas expostulat. Huic igitur in authoribus, in philosophis, in artium diversis operibus, in grammatice artis executione precipuo, necnon etiam pagine divine non prorsus, ut aiunt, ignaro, et, quod omnium condimentum est, morali gravitate haud inexperto, ut castelli vestri regimen, omni impeditionis causa procul amota, hoc anno futuro ei concedatis, apud vos vestrosque clericos precibus impetrare laboro.

Du Boulay, *Historia Universit. Paris.*, t. II, p. 11.

III

Thibaut, évêque de Senlis, établit dans sa cathédrale un maître des écoles et un sous-chantre.

Vers 1151.

Inito venerabilis Silvanect. pontifex Theobaldus cum capitulo S. Marie consilio, cum profectui ecclesie et Dei servitio maximam impenderet diligentiam, succentorem et magistrum eidem ecclesie providit necessarios, quorum doctrina et labore assiduo quotidiane servitutis in eadem ecclesia vigeret obsequium. Episcopus igitur, alicujus beneficii erogatione illorum curam recompensare non negligens, ecclesie beate Marie Silvanectensi pro anime sue et predecessorum suorum salute, quadraginta solidos publice monete, id est quibus venditiones et emptiones in urbe Silvanect. fiant, concessit succentori et magistro equaliter dividendos, et de telonio suo singulis annis accipiendos ; viginti scilicet solidos in festivitate Omnium Sanctorum persolvendos, decem in Natitate Domini, decem in Pascha. Canonici vero sui episcopi liberali munificentie congratulantes, similiter viginti solidos ejusdem monete succentori et magistro communiter habendos hilariter superaddiderunt, quorum decem in festo Sancti Remigii persolverentur, quinque in Natali Domini et quinque in Pascha. Illud etiam non est sub silentio pretereundum, quod idem episcopus et totus ejusdem ecclesie conventus firmaverunt, ut de redditu unius cujusque canonici beate Marie et Sancti Reguli infra subdiaconii gradum, tam presentis in urbe quam absentis, succentor et magister decem solidos communiter accipient in festivitate S. Remigii singulis annis persolvendos. Instituerunt preterea quatinus clericorum docendorum merces, eorum, inquam, quicumque beate Marie et Sancti Reguli choros frequentarent, equa lance succentori et magistro distribuerentur, de aliis tantum sub magistro legere volentes merces magistri propria haberetur ; de cantantibus tantummodo merces propria esset succentoris, de legentibus vero et cantantibus simul merces communis utrique redderetur. Ibidem etiam prohibitum est ne quis sine magistri licentia in urbe prefata clericum docere presumeret in legendo, vel preter succentoris assensum erudiret in cantu. Silendum etiam non est quod idem episcopus capitulo beate Marie optionem eligendi succentorem et faciendi potestatem concessit. Si quis vero posterorum hec, instituta et sigillorum domni episcopi Theobaldi et capituli beate Marie impressione corroborata, voluerit infringere, et prenominatos redditus ad alios usus ausus fuerit transferre, a prefato episcopo anathematis vinculo se sciat adstrictum. Actum in capitulo B. Marie Silvanectensis a domno Theobaldo episcopo in presentia Ilberti decani, Stephani precentoris, Witlardi archidiaconi et aliorum ejusdem ecclesie canonicorum.

Gallia Christ. Instrumenta ecclesie Silvanect. n° XX, t. X, col. 213, 214.

IV

Des droits et des émoluments de l'écolâtre de Noyon.
Vers 1195.

De dignitate scolastici.

Hugo Noviomensis ecclesie decanus et capitulum, universis quibus pagina presens innotuerit in Domino salutem. Statuimus in perpetuum ut quicumque magister scolarum de cetero instituetur in ecclesia nostra cereos puerorum de choro in die Purificationis, denarios puerorum-canonicorum qui provenerint ex teloneis medii martii, duos dimidios pedes de cereis qui ante episcopum tam in Pascha quam in Penthecoste solent deferri cum aliis scolarium laborum emolumentis de jure et dignitate sui magistratus habebit, eisque solis que prediximus contentus erit. Si vero aut ipse, aut alius pro eo, cujuscumque persone rogatu vel auctoritate, majus sibi beneficium pro magistratu scolarum acquirere in ecclesia nostra attemptaverit, ipse magistratus sui personatum ac beneficium ante ingressum attemptate acquisitionis in manu capituli, nullo jure penes eum remanente, libere resignabit. Preterea si forte aliquem aliquando pro se lecturum sustinere voluerit, infra vigiliam Paschae personam illam idoneam capitulo aut saniori ejus parti complacitam ipsi capitulo eum presentare oportebit, ut digna commendetur et indigna repudietur. Ipse quoque, ex debito adepte dignitatis, continuam mansionem Noviomi faciet. Super omnibus igitur predictis inviolabiliter observandis juramentum ecclesie et capitulo prestabit. Libet sciendum quod a majoribus et sanioribus ecclesie nostre vera testificatione cognovimus, quia de jure et antiqua ecclesie consuetudine nichil ultra quam prediximus ad jus et personatum pertinet magistratus. Si quid autem supra alicui aliquando cum magistratus honore collatum fuerit, gratia persone, non personatus jure, de mera ac liberali capituli voluntate de propriis bonis ecclesie constat indultum et additum ad tempus ei fuisse. Unde pro voluntate nostra alii minor alii amplior facta est indulgentia. Ne igitur processu temporis, nostre gratia liberalitatis, ad predicti personatus dignitatem alicujus astutia aliquatenus pertrahatur, nos ecclesie nostre juri precaventes in posterum solido et solempni autentico prohibemus ne aliquid preter ea que supra annotavimus cum magistratus honore alicui de cetero conferatur, unde et presentem paginam sigilli nostri munimento solempniter confirmamus.

Arch. de l'Oise, G. 1984. *Cartul. du Chapitre de Noyon,* fᵒ 101 vᵒ.

V

Devoirs de l'écolâtre de Noyon.
Vers 1255.

OFFICIA SCOLASTICI. Prout a predecessoribus nostris canonicis est auditum, et prout a scolasticis nostri temporis uti visum est pro pluribus, in hac pagina scripto sunt commendata et sigillatim notata, omnia que scolasticus Noviomensis, quicumque pro tempore canonice subtitutus, ex antiqua consuetudine debet et solet facere ratione scolasterie (1), tam in ecclesia quam extra. Debet

(1) *Scolasteria* a pour équivalant en français écolatrerie, comme *cantoria*, chantrerie, *ministerium*, ministrerie. *Majoria* se traduisait aussi jadis par mairerie.

Voici quelques renseignements complémentaires sur « la scholastrerie et l'escholastre. »

Nicolas. — *Nicolaus scolasticus* souscrivit la donation du prieuré de Saint-Amand (Machemont) à l'abbaye de Saint-Martin de Tournai en 1102 (1103 n. s.) par Baudry, évêque de Noyon. (L. A. GORDIÈRE. *Le Prieuré de Saint-Amand*, p. 151.)

Baudouin. — *Balduinus scolasticus* fut présent à la translation du corps de Saint-Eloi dans une nouvelle châsse, le 23 août 1306.

P. Cati ou *Lecat.* — « Par conclusion capitulaire du 7 septembre 1416, furent députés maistres P. Lambert, P. Cati, escolastre, Jean Boucher, pour voir entendre et traiter des réparations et ouvrages des fortifications de la ville de Noyon. »

Jean Richard. — « Par acte capitulaire du 15 décembre 1441, M. Jean Richard, escolastre, est député vers le duc d'Orléans, auquel fut donné mauvaise impression du Chapitre de Noyon, pour lui faire les excuses de la compagnie. »

« *Gauthier Vasset*, escholastre et chanoine de Noyon, licentié en décret homme judicieux et savant, lequel avoit esté reçeu chanoine en qualité d'enfant et installé *cum pueris*, » fut nommé official en 1466.

Henry Joli. — « En 1477, la veille de Pasques, maistre Henry Joly présenta son stage pour la prébende et canonicat unis à sa scholastrerie. »

« *Gobert l'Hoste*, escholastre », eut la charge d'official en 1488.

Pierre Isabellis ou *Isabeau*, chanoine, ancien écolatre, « pélerin des saints voyages de Jérusalem, Rome, Saint-Jacques et Laurette, trespassa l'an 1527, le 7e jour de juillet. »

Jean Paris. — « En l'an 1523, a esté reçeue (à N. D. de Noyon) la fondation de maistre Jean Paris, chanoine et escholastre de Noyon, qui a ordonné les prières de la procession et station du jeudy, devant la chappelle Saincta Catherine au cloistre. »

« Au Chapitre tenu à Paris en la chappelle du collège d'Ainville, le 15 novembre 1557, la ville de Noyon estant occupée par l'ennemi (les Espagnols), furent les six bourses dudit collège, vacantes par l'absence des boursiers d'Arras, conférées à six escholiers de Noyon. »

Antoine Bellement. — « Le 9 septembre 1558, maistre Antoine Bellement, escolastre de Noyon, fut député du Chapitre pour consulter à Paris en quelle façon il convient se comporter en la collation des bénéfices, l'évesque estant absent ou lié de censures. » A. Bellement mourut le 2 novembre 1573.

François Mallet. — « Le 9 novembre 1582, furent députés du corps du Chapitre, maistre François Mallet, escholastre (successeur de A. Bellement), M. Parvillé et J. Bellement, chanoines, vers M. d'Angennes, évesque, pour le remercier d'avoir présenté le livre des Evangiles au roy et luy avoir fait la harangue à son arrivée à Noyon. »

siquidem esse diaconus vel presbiter infra annum quo fuerit promotus. Debet in ecclesia continuam residentiam sicut succentor illius; debet etiam per se vel per alium, quociens opus est, facere breve de legendo, sicut succentor de cantando ; debet in ecclesia per se vel per alium adimplere omnes defectus in legendo tam de die quam de nocte sicut succentor in cantando. Debet per se vel alium auscultare omnes qui debent legere, sicut succentor illos qui debent cantare; debet etiam omnes libros ecclesie servare, emendare, reparare, si opus est, sed ad sumptus ecclesie, sicut succentor libros cantus. Debet preterea omnes litteras in capitulo legendas legere et omnes litteras facere sub sigillo capituli faciendas, tam cartas, quam alias; sed scripture ecclesia solvit sumptus. Debet etiam dictus scolasticus extra ecclesiam, singulis annis, scolis Noviomensibus de rectore sufficienti qui Parisius rexerit in artibus ad annum futurum providere, et provisum in die Cene Domini capitulo post sermonem presentare, quem sermonem dictus scolasticus debet per se vel per alium facere. Preterea debet omnes et solos scolares Noviomensium scolarum adversus omnes justificare, et, si eis injurietur, debet prout potest, querere ut eis emendetur ad sumptus eorum quos causa tangit. Insuper dictus scolasticus non debet sustinere quod aliquis de aliqua facultate legat, vel quod scolas teneat in tota civitate vel in aliqua villa infra comitatum Noviomensem, nisi de ejus licentia speciali. Ita solet esse de scolis cantus in quadragesima vel in alio anni tempore, quando scolares Noviomenses ad scolas cantus voluerint se conferre. Debet etiam dictus scolasticus ratione dicte scolasterie habere proprium stallum in choro Noviomensi a dextris superius juxta archidiaconum, quod a tempore cujus non est memoria scolastici nostri temporis possederunt, licet antiquitus in eadem ecclesia scolasticus stallum habuerit ad pilarium dextrum, et succentor ad sinistrum.

Arch. de l'Oise, G. 1984, *Cartul. du Chapitre de Noyon*, fᵒ 59, vᵒ.

VI

Enquête sur les devoirs de l'écolâtre de Noyon.

Vers 1255.

Inquisitio que fit super hiis que tenetur facere scolasticus Noviomensis, circa servitium Noviomensis ecclesie.

Magister Gerardus de Sancto Mauritio, testis juratus et requisitus, dicit quod scolasticus Noviomensis tenetur facere omnes

« M. *Nicolas Jacquart*, chanoine et escholastre de l'église de Noyon, prieur de Ville-Selve, décéda à Noyon, le 9ᵉ jour de janvier 1626, et gist au milieu de la nef, auprès de ses oncles chanoines ».

JACQUES LEVASSEUR. *Annales de l'église de Noyon*, t. II, p. 1024, 1032, 1047, 1102, 1140, 1195, 1273, 1325, 1328, 1335, 1340, 1347.

defectus in legendo, tam de die, quam de nocte, sicut succentor in cantando. Requisitus quomodo scit, dicit quod ita audivit semper dici, et ita credit firmiter, et vidit magistrum Odonem, quondam scolasticum, facientem defectus de nocte et de die, evangelium et epistolam, pro defectibus, et credit quod similiter scolasticus debeat facere defectum pueri in legendo ad Primam. Dicit quod magister Symon de Duaco, quondam scolasticus, antequam esset scolasticus, dicebat scolasticum teneri ad omnes defectus supplendos de nocte et de die ; tenebatur etiam legere litteras in capitulo, et dictare litteras et cartas capituli, et facere sermonem per se vel per alium in die Cene, presentare magistrum qui rexerit Parisius ad scolas, signare lectiones, emendare libros legendarum, facere reparari cum sumptibus ecclesie, auscultare eos qui debent legere, continue residere, et omnia alia facere que continentur in pagina que sic incipit : Prout a predecessoribus nostris, etc. ; et quamdam cedulam, continentem ista, tradidit dicto magistro Gerardo idem Symon, antequam esset scolasticus, licet, postquam factus fuit scolasticus, facere recusaverit defectus de die.

Dominus Gaufridus Manchions, juratus, dicit quod vidit magistrum Odonem de Ambianis facientem defectum evangelii de die in stola, manipulo et superpelliceo pluries. Dicit etiam quod ita debet facere scolasticus, quicumque sit, sicut audivit dici postquam fuit de choro, et ita firmiter credit, et vidit scolasticum facientem sermonem in die Cene et presentantem magistrum scolarum. Dicit etiam quod debet dictare litteras capituli et legere litteras in capitulo et facere omnes defectus de nocte, et dicit quod vidit quod magister Odo fecit portare librum euvangeliorum, et punctavit illum ad domum suam, et credit quod debet emendare libros seu facere emendari ad sumptus ecclesie.

Balduinus Tue-Vake, capellanus in ecclesia Noviomensi, testis juratus, dicit quod vidit multociens scolasticum facientem defectus euvangeliorum de die et omnes defectus in legendo de nocte ; dicit tamen quod magister Symen de Duaco, qui erat homo mobilis et rixosus, pluries contradixit facere defectum evangeliorum de die ; tamen aliquando fecit. Credit etiam, quod tenetur ad alia de quibus magister Gerardus deponit.

Johannes Boskes, capellanus, juratus, dicit quod vidit magistrum Herveyum, scolasticum, facientem defectus evangeliorum in stola et manipulo, sed nescit utrum juste, vel injuste, vel qua ratione faciebat ; dicit etiam quod non vidit alium scolasticum hoc facientem ; tamen audivit dici quod scolasticus debet facere omnes defectus in legendo et alia de quibus magister Gerardus deponit, preterquam de lectione de Prima, et ita credit melius quam contrarium.

Dominus Petrus Chopins, canonicus Noviomensis, juratus, dicit quod audivit dici quasi semper quod scolasticus debet facere omnes defectus de die et de nocte in legendo, et facere omnia alia de quibus superius fit mentio ; tamen nunquam videt aliquem scolasticum, quem recolat, legentem de die euvangelium vel epistolam pro defectu.

Henricus de Buchi, canonicus Noviomensis, juratus, dicit quod vidit scolasticum legentem euvangelium de die, sed non recolit quem et pro defectu, et audivit dici et credit quod scolasticus te netur ad omnia supradicta.

Arch. de l'Oise. G. 1984. Cartul. du Chapitre de Noyon, f⁰ˢ 359 et 360.

VII

Pierre de Treigny, évêque de Senlis, se réservant la nomination du maître des écoles de garçons, abandonne au sous-chantre l'institution des maîtresses de toutes les écoles de filles.

21 février 1352 (1353 n. s.)

Universis presentes litteras inspecturis, nos Petrus permissione divina episcopus, et nos deᵉanus et capitulum ecclesie Silvanectensis, salutem in Domino sempiternam. Noveritis quod cum ab antiqua et approbata observatione ad nos et predecessores nostros Silvanectenses institutio et destitutio magistri magnarum scholarum dicte ville, succentori vero dicte ecclesie, qui nunc est, et predecessoribus suis, institutio et destitutio magistrorum omnium aliarum parvarum scholarum ejusdem loci noscatur pertinere, percipiendo tamen et habendo per dictum succentorem et predecessores suos pro ipsorum instituto decem solidos parisienses quolibet anno in terminis Nativitatis Domini et una cum his a quolibet ipsorum circa carnicapium duos gallos ; nihilominus a nonnullis civibus et personis idoneis Silvanectensibus nobis et dicto succentori exstitit supplicatum quatenus omnes scholas Silvanectenses tam magnas quam parvas unire et insimul aggregare vellemus, ut ferventius et fructuosius pueri ad eas confluentes, in scientia et moribus valerent informari. Tandem utilitate communi omnium habitantium dicte ville attenta primitus et pensata, visis et diligenter inspectis omnibus que nos movere possunt et debent, humilique petitioni dictorum civium liberaliter annuendo, inter nos et dictum succentorem concordatum exstitit et ordinatum in modum qui sequitur et in formam : videlicet, quod omnes scholas Silvanectenses, in quibus pueri masculini sexus duntaxat adibunt, unimus et insimul aggregamus, quarum quidem scholarum institutio magistri et destitutio ad nos episcopum et successores nostros episcopos Silvanectenses omnimodo pertinebit; succentori vero qui nunc est, et successoribus suis, institutio et destitutio omnium aliarum scholarum, in quibus ibunt alii pueri muliebris sexus, tantarum quantarum sibi visum fuerit expedire, ad emolumenta ab antiquo usitata, in solidum remanebit, et ut commodius et diligentius regantur dicte magne schole, non concedentur cuiquam a nobis episcopo aut successoribus nostris, nisi usque ad tres annos pro una vice, et sufficienti et experto in scientia et moribus prout ab antiquo exstitit observatum. Magister vero cui conferentur dicte magne schole, residentiam facere tenebitur personalem, et secum tenere in scholis et habere submagistrum et janitorem idoneos et sufficientes in scientia pro institutione puerorum ; dictus vero magister habebit chorum ecclesie nostre Silvanectensis predicte, et lucrabitur in ea distributiones more aliorum clericorum in ea existentium, et tenebitur frequenter adire ecclesiam pro docendo et addiscendo lectiones legendas in ecclesia tam parvis quam omnibus aliis de choro, cujuscumque status seu gradus existant ; qui omnes et familiares canonicorum poterunt ad scholas suas ire et tenebitur eos addiscere et docere, absque eo quod possit pro eis nec debeat salarium petere nec habere. Presertim ne jus succentoris quod dictus succentor et predecessores sui in parvis scholis habebat in aliquo defraudetur, magister dictarum scholarum per nos et successores nostros episcopos Silvanectenses, qui pro tempore fuerit, tenebitur episcopo, succentori et successoribus suis reddere et solvere quolibet anno quadraginta solidos parisienses, quatuor terminis inferius annotatis, videlicet in termino beati Johannis Baptiste decem solidos parisienses, in termino beati Remigii in capite octobris totidem, in terminis vero Nativitatis Domini et Pasche in quolibet decem solidos parisienses, et una cum his circa aut infra carnicapium quolibet anno duos gallos, et sic perpetuo de anno in annum, et incipiet primus terminus solutionis in termino Nativitatis beati Johannis Baptiste, proxime futuro, sub tali conditione tamen quod si in solutione hujusmodi ex parte magistri per nos aut successores nostros instituti, in terminis predictis seu quolibet temporum interveniat aliquis defectus, volumus et consensu unanimi ordinamus quod dictus magister teneatur reddere dicto succentori ac successoribus suis pro qualibet die, nomine emende, sex denarios parisienses cum summis predictis et gallis ; et si renuat dictus magister solvere dictas summas gallos et penas domino succentori qui pró tempore fuerit, aut ejus certo mandato, volumus, precipimus et ordinamus quod per nos, decanum et capitulum, a choro nostro privetur, similiter et per nos episcopum et successores nostros et per officialem nostrum, qui nunc est, et qui pro tempore fuerit, a scholis predictis privetur, querela succentoris qui pro tempore fuerit, aut ejus certi mandati, interveniente, usque ad plenam et condignam satisfactionem dicto succentori per eumdem magistrum faciendam ; et insuper volumus et ordinamus quod quando dictus magister primo veniet ad nostram ecclesiam predictam pro stallatione sua in choro facienda, si sit succentor presens, vel qui primus post ipsum inibi adesse contigerit, teneatur dicto succentori ad sancta Dei evangelia jurare quod dictos quadragenta solidos, cum duobus gallis et penis inde sequentibus, ipsi, anno quolibet, dictis terminis, quandiu dictas scholas reget et tenebit, integraliter persolvet, necnon dictas scholas per nos

episcopum aut successores nostros ipsi concessas per se et com-
plices suos diligenter et fideliter reget et faciet gubernare. Et ut
predicta omnia firma et stabilia in perpetuum remaneant presentes litteras sigillorum nostrorum fecimus appensione muniri.
Datum anno domini M°CCC°LII° die Jovis in vigilia festi ad
Cathedram.

Gallia Christ. t. X. Instr. eccles. Silvan. Appendix, n° CLII, col.
494 et 495.

VIII

*Denis Sanguin établit un séminaire à Baron sous la direc-
tion des missionnaires du clergé de la congrégation du Saint-
Sacrement.*

21 août 1654.

Dyonisius, voluntate divina et sanctæ sedis apostolicæ gratia,
Silvanectensis episcopus.
. . . . . Nicolaus, felicis recordationis, prædecessor et patruus
noster, hoc probatissimo medio huic nostræ diocesi consulere
multo tempore meditatus est, sed quia tota seminariorum effi-
cacia in accurata potissimum eorum directione consistit, diffi-
cillimum vero est idoneos et exercitatos invenire presbyteros quibus seminariorum cura demandetur, ejus rei primo periculum
facere voluit in presbyteris congregationis Sanctissimi Sacramenti, quibus non solum aliquarum parochiarum hujus diocesis
regimen sed etiam clericos instruendos tradidit, ac postquam per
novem vel circiter annos eorum tam in formandis clericis quam
in administrandis parochiis aptitudinem morumque integritatem
experimento probasset, unam eorum congregationis domum in
parochia sanctæ Genovefæ illis concessit et sua authoritate
stabilivit, quatenus iidem presbyteri juxta suæ congregationis
instituta a sede apostolica approbata in universa Silvanectensi
diocesi, tum parochiarum ipsis commissarum regimini, tum
etiam clericorum institutioni libere vacarent, prout habetur in
litteris authenticis illis a predicto prædecessori nostro concessis
14° octobris anni 1649; postea vero, ut inceptum a se opus,
seu quamdam seminarii inchoationem a se approbatam, perfi-
ceret, diploma a christianissimo rege nostro, Ludovico XIV,
requisivit cum gratiis et privilegiis quibus dos erigendi a se seminarii solide firmaretur, illudque in amplissima forma obtinuit
anno Domini millesimo sexcentesimo quadragesimo nono.
Verum inimicus omnium bonorum huic tantæ utilitatis operi
adversarios suscitavit qui, ne in civitate Silvanectensi erigeretur
seminarium, sub quodam inani prætextu intercesserunt, ex quo
deinde suspensa mansit erectio ; cumque aliquamdopost, ad
regimen Silvanectensis ecclesiæ assumpti, suspensam adhuc
invenissemus tam pii et necessarii operis executionem, nostra-
rum esse partium intelligentes commissam a Deo diocesim

tanto subsidio non relinquere diutius destitutam, seminarii erectionem ac litterarum regiarum a patruo nostro ad hoc obtentarum executionem sincera mente peroptavimus, ejusque opportunam nacti occasionem, in oppido de Barone in quo invenimus ejus parochum una cum quibusdam predictæ congregationis Sanctissimi Sacramenti presbyteris in instituendis clericis etiam pauperibus egregiam operam navare, et abunde informati de prœdictorum presbyterorum circa seminariorum directionem clericorumque institutionem experientia et idoneitate, quippe qui a 13 vel circiter annis in hac nostra Silvanectensi diocesi non minus in clericis pauperibus ac divitibus, pietate, cantu et cæremoniis ecclesiasticis quam in parochiis regendis strenue desudarunt, omnibus mature perpensis, sacrorum conciliorum sanctionibus morem gerendo, regiisque ordinationibus inhærendo quibus archiepiscopi et episcopi de seminariorum erectione et institutione admonentur, seminarium clericorum nostræ diocesis in oppido de Barone ereximus et instituimus prout tenore presentium erigimus et instituimus, illiusque sic erecti et instituti curam, regimen et administrationem, tam in spiritualibus quam in temporalibus, prædictis presbyteris congregationis Sanctissimi Sacramenti sub nostra dependentia. jurisdictione et subjectione tradidimus, et per præsentes in perpetuum tradimus cum omnibus bonis, facultatibus, pertinentiis et gratiis sive per sacros canones seminariis generatim, sive per præfatum diploma a rege huic seminario speciatim, concessis. . . .

Datum Silvanecti in palatio nostro episcopali, sub magno sigillo cameræ signoque nostris, una cum secretarii nostri subscriptione, anno Domini millesimo sexcentesimo quinquagesimo quarto, augusti vigesima prima.

Arch. de l'Oise, G. 620. Registre de l'épiscopat de Nicolas Sanguin et de celui de Denis Sanguin, son neveu, f° 42 et sq.

ERRATA

P. 23, ligne 21, *au lieu de* Yves ANYOT, *lises* Yves Doné, *Ico Aurati* (et non *Ico Anyoci*, comme porte le *Gallia Christ.*).

P. 53, ligne 24, *ajoutes* Depuis Pâques dernier (1886) l'école est dirigée par les Frères des Ecoles Chrétiennes.

P. 48, ligne 21, *ajoutes:* M. Arthur-Jules Quentier est décédé le 14 avril 1886. — M. Racinet a depuis repris la direction du Petit Séminaire

P. 127, ligne 28, et p. 128, ligne 21, *au lieu de* les Frères de la doctrine chrétienne, *lises* les Frères des Ecoles chrétiennes.

———————

TABLE DES MATIÈRES

Compiègne. — Imprimerie HENRY LEFEBVRE, rue Solferino, 31.

www.ingramcontent.com/pod-product-compliance
Lightning Source LLC
Chambersburg PA
CBHW072146270326
41931CB00010B/1912